NOTICE

HISTORIQUE ET ARCHÉOLOGIQUE

SUR

NOTRE-DAME-DE-LA-COUTURE

DE BERNAY.

NOTICE

HISTORIQUE ET ARCHÉOLOGIQUE

SUR

NOTRE-DAME-DE-LA-COUTURE

DE BERNAY,

DANS LAQUELLE IL EST PARLÉ

D'une première église de la Couture,
Des autres églises ou chapelles de Bernay au XVIe siècle,
Des causes qui ont tant éloigné cette église des maisons de la ville,
De la nouvelle construction de Notre-Dame-de-la-Couture,
De la description de son intérieur,
De ses verrines, de ses tableaux,
De son antique et célèbre pèlerinage, etc., etc.,
Et de tout ce qui se rattache à l'histoire
de la ville de Bernay ;

PAR

AUGUSTE BLAIS,

CURÉ DE BRESTOT,

MEMBRE DE LA SOCIÉTÉ FRANÇAISE POUR LA CONSERVATION ET LA DESCRIPTION
DES MONUMENTS HISTORIQUES DE FRANCE.

« L'homme instruit nourrit son intelligence de
« souvenirs historiques....... »

ÉVREUX,

DE L'IMPRIMERIE DE A. HÉRISSEY.

1852.

PRÉFACE.

Témoin, pendant deux ans, du nombreux concours de Fidèles qui viennent, chaque jour, demander la protection de Notre-Dame de la Couture, nous avions d'abord conçu le dessein de faire une courte notice sur le magnifique intérieur de l'église de ce nom, et sur la haute antiquité du célèbre pèlerinage qui a survécu aux temps et aux révolutions. Mais, en réunissant nos matériaux, nous avons entrevu la possibilité de donner plus d'étendue à notre travail, et d'offrir au lecteur quelques détails jusqu'alors inconnus. Dès ce moment, nous nous sommes appliqué à recueillir tout ce qui se rattache à cette église privilégiée et à la ville dont elle dépend. Nous n'avons rien négligé pour rassembler, coordonner, compléter des documents épars, parfois très-obscurs et marqués du cachet de la partialité, pour remonter à l'origine des faits, en assigner la date précise, suivre l'accroissement progressif de la ville, et constater les divers changements arrivés par la marche du temps. Heureux si, pour prix de nos efforts, nous rencontrons quelque indulgence et quelque ménagement. Nous n'avons, du reste, d'autre pensée que d'être utile. Il nous a semblé qu'un aperçu de l'histoire sur la ville de Bernay, et principalement de ce qui concerne la belle église de Notre-Dame de la Couture, ne pouvait manquer de quelque intérêt. Nous laissons à une main plus habile et mieux exercée de mettre en œuvre ces matériaux. Puissions-nous voir bientôt l'histoire générale de ce pays que nous avons connu, et dont nous conservons un précieux et doux souvenir.

Panorama de Bernay.

NOTICE

HISTORIQUE ET ARCHÉOLOGIQUE

SUR

NOTRE-DAME-DE-LA-COUTURE.

PREMIÈRE PARTIE.

Sommaire.

Etymologie du mot Bernay. — Manières d'écrire Bernay. — Site et position géographique de cette ville. — Son antiquité. — Origine de sa division en baronnie et en comté. — Châteaux forts de ses alentours au moyen âge. — Raoul de Bernay. — Dévoûment des seigneurs du pays de Bernay, en 1047. — Enrolements dans la première croisade. — Troupes envoyées en garnison à Bernay. — Waleran, fils du comte de Meulan. — Richard Cœur-de-Lion. — A quelle époque remonte le commerce de cette ville, en quoi il consistait. — Haine des habitants pour les Juifs établis à Bernay. — Honneurs et bienfaits que lui accorde le roi saint Louis. — Peste noire. — Siège de Bernay et ruine de l'église Sainte-Croix. — Duguesclin assiége Bernay, capitulation et mort de Pierre du Tertre. — Bernay vendu sous condition de rachat. — Prises et reprises de Bernay par les Anglais. — Charles VII. — Pillage de 1563. — Le comte de Montgommery, fait prisonnier dans le château de Domfront, passe par Bernay. — La Saint-Barthélemy. — Grands détails sur les anciennes fortifications de la ville. — Les habitants entrent dans la Ligue, ils s'unissent aux Gauthiers, siége et pillage de 1589. — Revolte contre les protestants. — La tranquillité est rendue. — Pestes qui ravagent la ville, dévoûment. — Collége, instruc-

— 8 —

tion donnée par les Dames-de-la-Comté. — Hospice actuel, Anne d'Alzac, Louis Alexandre d'Irlande. — Abbaye. — Armoiries de la ville. — Camps ou retranchements aux alentours. — Grands hommes qu'elle a produits.

La ville de Bernay, de laquelle dépend l'église de Notre-Dame de la Couture, était autrefois le siége de l'archidiaconé de Lisieux. Actuellement, elle forme le chef-lieu de l'un des archiprêtrés du diocèse d'Evreux et de l'un des cinq arrondissements du département de l'Eure.

Le nom de *Bernay* qui lui a été donné est sans doute fondé sur quelque raison. Toutefois, les renseignements recueillis jusqu'ici, pour en découvrir la véritable signification, ne nous ont nullement satisfait.

L'illustre évêque d'Avranches dérive ce mot de *Barn*, terme anglo-saxon, qui signifie grange ou grenier [1]; mais *Bernay* est évidemment formé de la langue celtique.

Selon l'auteur d'un manuscrit dont nous parlerons, ce mot ferait entendre que le bourg primitif n'a point été établi dans la vallée, mais bien sur des terres de labour (les champs de la Couture). Il s'appuie sur l'opinion qui précède, et croit

[1] Origines de la ville de Caen. — Le lecteur ne trouvera pas indiquées toutes les sources où nous avons puisé, et à l'aide desquelles nous avons complété et détaillé les faits; nous le renverrons au document principal. — Plein de reconnaissance pour les personnes qui ont facilité notre tâche, par quelques conseils ou par quelques renseignements, et particulièrement pour M. Hyacinthe Paumier, instituteur à Routot, à qui nous devons nos dessins, nous les prions de recevoir ici nos bien vifs et bien sincères remerciments.

qu'on a employé le contenant pour le contenu.

D'après M. A. Guilmeth (Chroniques de l'Eure), il est formé de deux mots celtiques *Ber* ou *Bre* qui voudrait dire pont, voie, passage, et *naï* ou *noe*, prairie, marais. Ce sentiment paraît avoir été suivi par M. Gadebled, dans son *Dictionnaire topographique, statistique et historique du département de l'Eure*, où on lit : « L'étymologie de » Bernay indique que ce lieu était anciennement » une communication entre le Lieuvin et le pays » d'Ouche. » Nous n'avons point trouvé ces mots avec la signification qu'on leur prête ici. Plusieurs ouvrages sur la langue celtique ont été consultés par nous, et tous attribuent à *Ber* ou *Bre* un tout autre sens. Pour ce qui est de *naï* ou *noe*, nous pouvons assurer que plusieurs lieux de même étymologie que Bernay, comme Bernac (Lot-et-Garonne), etc., ne sont baignés par aucun ruisseau ou rivière, ne comprennent dans leurs limites ni marais ni prairie étant sur un mamelon, et ne possèdent aucun pont, aucune route de la moindre importance.

Pour obtenir une solution satisfaisante, il faut, ce nous semble, avoir recours aux plus anciens titres où cette ville et autres endroits de même nom sont mentionnés, et les expressions *Briniacus*, *Breniacus*, *Brenneium*, *Berniacus*, y étant toujours consacrées, nous ne doutons pas qu'il y ait réunion de ces deux mots celtiques : *Ac* (logis, maison), répandu parmi les Celtes de la Gaule et de la Germanie, dans une foule de noms de lieux, et latinisé par la terminaison *us, um;* et *Brin, Bren, Brenn,* qui signifie bois, forêt, côte, colline, montagne. Ce serait donc une maison primitivement construite auprès du bois, aujourd'hui défriché, ou bien sur le penchant de la colline, à l'ouest du grand bourg, qui aurait été l'origine de Bernay et lui aurait laissé son nom [1].

Bernay s'est écrit de plusieurs manières ; les termes *Breniacus, Berniacus, Brenacus, Bernacus,* qu'on employait avant le XIe siècle, ont complètement cessé d'être en usage dès le XIIe siècle. C'est ce que démontrent différents actes de ce temps, entre autres ceux qui sont rapportés dans *Neustria pia,* art. Bernay, et contenant souvent ces paroles : *In loco qui Berniacus* (ou *Bernaicus*) *vocabatur.* A partir de cette dernière époque, on a généralement écrit : *Bernay (Bernayum),* bien qu'on trouve de très-nombreuses exceptions pour Bernai. Les religieux de l'abbaye, l'administration de l'évêché de Lisieux, n'eurent point d'autre orthographe : *Beata Maria de Bernayo.* — *Sacrista de Bernayo.* — *Abbas de Bernayo.* — *Sancta Crux de Bernayo.* — *Abbatia de Bernayo.* — *Decanatus de Bernayo,* etc. Ce n'est qu'au génitif latin qu'on trouve l'*y* remplacé par l'*i* : *Ecclesia de*

---

[1] Voyez Pièces justificatives, note A.

Culturâ Bernaii. — *Sancta Crux Bernaii*. — *Leprosaria Bernaii*, etc. Vouloir maintenant changer Bernay pour Bernai, parce que autrefois on a écrit *Bernaium, Bernaicus, Bernai*, outre que c'est faire de l'exception la règle, ce ne sont pas les plus anciennes expressions ; si on le fait par amour pour l'antiquité, il faudrait écrire et prononcer *Brenac*. De plus, beaucoup de noms celtiques ayant pour ancienne finale *acus* ou *acum*, se sont modifiés en *ay*. Bernay, qui en fait partie, doit donc subir la loi commune. Aussi, jugeons-nous plus vrai, plus conséquent de conserver l'usage qui a prévalu en France, et qu'on est accoutumé de suivre encore de nos jours dans toutes les publications civiles et particulières du Bernay de l'Eure, du Bernay de la Somme, du Bernay de la Sarthe, etc., etc.

Cette ville se trouve dans la belle et riche vallée que la Charentonne arrose, et est assise sur le ruisseau de Cosnier (autrefois Cogney).

Trois coteaux l'environnent, la resserrent d'assez près, et donnent à ses alentours un aspect aussi riant que varié. C'est au nord, celui des *Monts* ; à l'est-sud-est, celui de *Bouffey*, et à l'ouest, celui du *Cours*, au pied duquel s'est formée la partie la plus ancienne de cette cité, aujourd'hui le Grand-Bourg.

Quant à la position géographique qu'elle occupe, elle est marquée par le 1° 45' de longitude occidentale et le 49° 6' de latitude septentrionale. (Méridien de Paris.)

Peu de villes ont des titres aussi anciens de leur existence que Bernay. Pour retrouver le premier document où son nom est employé, il faut remonter à l'acte portant la constitution dotale de la duchesse Judith de Bretagne par Richard II, son époux, et 4ᵉ duc de Normandie, c'est-à-dire à l'an 1007[1]. On y voit par le passage suivant que Bernay était déjà un chef-lieu, un centre :

In pago videlicet Lisoiense Brenaico cum appendentibus suis, scilicet Campols [2], *Katorcias* [3], *Faxinus* [4], *Grandem-Campum* [5], *Til* [6], *Cambrense* [7], *Fererias* [8], *Villa remigii* [9], *Folmatium* [10], *Sanctus Albinus* [11], *Laubias* [12], *Mait* [13], *Grant-Kahin* [14], *Novum masnile* [15], *Pons* [16], *Manneval* [17], *Tortuc* [18],

---

[1] Judith étant morte en 1017, et n'ayant été mariée que dix ans, il est évident que la date que nous assignons est la seule admissible, puisque c'est l'époque de son mariage, et qu'on dut alors régler la dot.
[2] Le hameau de *Champeaux*.
[3] *Caorches*.
[4] *Fresnes*.
[5] *Grand-Camp*.
[6] Probablement le *Tilleul-Folenfant*.
[7] Chambrais.
[8] *Ferrières-Saint-Hilaire*.
[9] Réville.
[10] Lieu dont le nom est inconnu.
[11] Saint-Aubin-le-Vertueux.
[12] *Les Loges*, ferme de Saint-Aubin.
[13] Peut-être le village Maïet ou le May, hameau de Saint-Mards-de-Fresnes.
[14] *Grand-Chain*.
[15] Lieu dont le nom a changé.
[16] Lieu inconnu.
[17] *Menneval*.
[18] Toussuc, hameau de Menneval.

Sanctus Leodegarius [1], *Til* [2], *Valenias* [3], *Corbespina* [4], *Fait* [5], *Laubias* [6], *villa Audefridi* [7], *Karentonus* [8], *Camp-Florem* [9], *Fontanas* [10], *Belmont* [11], *Belmontel* [12], *Vetulas* [13]; *ecclesias in supradictis villis viginti et unam, molendinos* XVIIII, *tredecim carrucas boum. Cum servis et omni suppellectili earum, cum pratis, sylvis, terris cultis et incultis, exitibus et redditibus, aquis aquarumque de cursibus, piscatoriis et quidquid inibi pertinere videtur.*

(*Martène, thes. anecdot.*)

Ce document, qui nous fournit des documents topographiques si précieux, malgré l'état déplorable d'altération dans lequel il nous est parvenu, est décisif, il est clair et précis; mais on peut en apporter un second qui ne démontre pas moins la haute antiquité de Bernay.

Judith de Bretagne, pour suivre l'exemple de son noble et pieux époux [14], avait jeté, en 1013, les fondements d'un monastère connu depuis sous

---

[1] *Saint-Léger-du-Boscdel.*
[2] Probablement le *Theil*, hameau de Valailles.
[3] *Valailles.*
[4] Courbépine.
[5] Peut-être le *Fay*, ferme de St-Quentin-des-Isles.
[6] Peut-être les Loges, hameau de Courbépine.
[7] *Orville*, ferme de St-Aubin.
[8] *Carentonne.*
[9] *Campfleur.*
[10] *Fontaine-l'Abbé.*
[11] *Beaumont.*
[12] *Beaumontel.*
[13] *Vieilles*, qui fut donné à Onfroy, seigneur de Pont-Audemer.
[14] Il avait, entre autres, fait bâtir l'abbaye de Fécamp en 1004.

le nom de l'abbaye de Bernay [1]. Mais cette princesse, surprise par la mort, ne put terminer son œuvre. Et Richard, afin de remplir ses vues, prit sous sa protection ce monument imparfait. Après l'avoir achevé, il voulut assurer à cette abbaye tous les biens dont lui et son épouse l'avaient comblée jusqu'alors, et, pour ce motif, il fit souscrire une Charte datée de Fécamp au mois d'août 1025 ou 1026, par tous ses serviteurs et ses vassaux réunis dans une assemblée solennelle. Nous nous faisons un devoir de citer cette pièce dans son entier, quoiqu'un peu longue, parce qu'elle est du domaine de l'histoire de Bernay, et qu'elle est la première et la seule où l'on voit figurer, en masse, les principaux chefs de la noblesse normande : *Diviná propitante clementiá ego Ricardus Normannorum dux omnibus Christi fidelibus toto orbe terrarum longè latèque diffusis : nulli fidelium dubium videri debet futuros esse hæredes regni cœlestis et cohæredes Dei, qui Christum hæredem sui facientes, eorum quæ in hujus vitæ peregrinatione quasi quádam paterná hæreditate possident, locis ea divino cultui deditis mancipare non dubitant. Ad quam rem nostram signat fidem calix aquæ frigidæ qui juxta evangelicum dictum suo pollet munere. Non ergò divini muneris gratiá privari credendi sunt qui ecclesiasticis obse-*

---

[1] C'est une erreur de mettre, comme le rapporte M. Guilmeth, que ce fut dix ou douze ans après son mariage ; elle ne fut mariée que dix ans.

quiis, etsi ex officio non intersunt, tamen rerum suarum administratione divini officii sustentant ministros eâ spe temporales subministrantes alimonias, ut si solummodò cœlestibus reddant intentos qui cœlestis regis assiduo constituuntur invigilare obsequio, participes fiant ejusmodi beneficii omnimodo.

Quâ spe et devotione subnixa conjux à Deo mihi concessa quæ Judith suo est appellata nomine delegit Christum hæredem sui facere, ejus quod illi dotali lege concesseram fundi ac familiæ, nostram piè expostulans unanimitatem ut ejus super hoc voluntati faverem; quia verò hujus modi supplicationibus semper libenter annui sicut carnalis nos capula unum fecerat, dicente Domino: Erunt duo in carne unâ ; *ità ei unanimem servans fidem ejus devotioni assensum præbui, ut quod mente tractaverat ex divino adjutorio complere satageret.*

Igitur disposito principium ponens operi in honore beatæ ac gloriosæ Dei genitricis Mariæ fundamenta posuit in loco qui Berniacus priscorum dictus est vocabulo, præparans ipsa monasterii ædificia monastico ordini congrua quem eo in loco ordinare disposuerat. Sed cùm necdùm ut optaverat perfecisset, piam in Christo accepit dormitionem. Cujus ego animi conscius, confestim servorum Dei assiduam constitui ibi habitationem, tradens illud Fiscannensi sanctæ Trinitatis ecclesiæ perpetuò retinendum, committens venerabili Vuillelmo per-

ficiendum et cunctis ejus successoribus monasticè ordinandum.

Concedo ergò pro animæ meæ remedio, et illius cujus voluntas causa extitit beneficii et universæ prolis mihi à Deo concessæ ad supplementum servorum Dei ipsi in prænominato loco servientium Berniacum, Campellos, Tursuem, Tilliolum, Vallilias, villam quæ appellatur sancti Albini, Cadurges, Fagetum, Logias, Curtonam Curtenellam, ecclesiam de villâ quæ dicitur Fraxines et terram arabilem ad carrucam unam, Clarogias.

Concedo etiàm Belmontem, Belmontellum, Fontanas, Vetulas, cum omnibus appenditiis suis, Curbam spinam, Landapetrosam, Grandem-Campum cum appenditiis suis, Fraxinus, Capellas Gerberti villam, Cantapiam, Mallogias, cum omnibus appenditiis earum et ecclesiis et molendinis, pratis, terris cultis et incultis, aquis aquarumve decursibus, cum piscatoriis à valle Sarneias, usque ad Fontanam Ratgeam.

Concedo etiàm in ipsâ villâ Bernaico mercatum per singulas hebdomadas anni et nundinas annales, et omnes consuetudines tàm ex his quàm ex supradictis villis omnibus ad nos pertinentes, nec non et sylvas ex integro sicut Aimericus fidelis noster tenuit, ut habeant, teneant et possedeant omnia absque ulla inquietudine sæcularis, vel cujusque judiciariæ potestatis.

Peto ergò magnitudinem illorum quos Deus post

me hoc honore sublimaverit, cui eo authore præsideo ut sicut authoritatis suæ scripta inviolata manere voluirent, ità hanc cessionis meæ cartam annuentibus filiis et hæredibus nostris Richardo atque Roberto compositam, inconvulsam et inviolatam manere permittant. Si verò aliquis contra eam aliquid conatus fuerit, in primis iram Dei omnipotentis incurrat et coactus auri libras ducentas ad fiscum dominicum persolvat ut confusus discat improborum temeritate non esse violanda quæ ob amorem Dei majorum statuerit authoritas. Hanc autem ut omni tempore stabilis permaneat mansuram subterfimamus et filiis et fidelibus nostris firmandam tradimus. Actum Fiscanni publicè, mense augusto, considentibus nobis Fiscanni palatio, anno ab incarnatione Domini MXXVII, *indictione octavá, regnante Roberto rege, anno* XXXVIII.

† *Ego Richardus hoc crucis signo confirmo.*

† *Ego Richardus filius confirmo.*

† *Ego Robertus filius confirmo.*

† *Ego Mangisus Abrincanensis episcopus subcripsi.*

† *Ego Robertus Rothomagensis archiepiscopus subscripsi.*

† *Ego Hugo Baiocensis episcopus subscripsi.*

† *Ego Robertus Constantiensis episcopus confirmo.*

† *Ego Herbertus Lisoniæ episcopus confirmo.*

† *Ego Radboldus Saxiensis episcopus confirmo.*

† *Ego Hugo Ebroïcensis episcopus confirmo.*
† *Signum Vuillelmi.*
† *Signum Maldegerii.*

Richardus vicecomes, Nigellus vicecomes, Alvredus vicecomes, Tustingus vicecomes, Vualterius vicecomes, Odo vicecomes, Seiricus vicecomes, Vuimondus vicecomes, Gofridus vicecomes, Goscelinus vicecomes, Osmondus vicecomes, Goscelinius vicecomes, Gubertus, Hugo, Robertus, Gofredus, Vuillelmus, Hugo, Richardus, Goscelinus vicecomes, Gislebertus, Richardus frater ejus, Golbertus, Rodulphus, Osbertus, Osbertus, Anfredus, Baldricus, Anfredus, Odo, Rocelinus, Goffredus Wac, Hubertus, Hugo, Robertus, Genefredus, Vuillelmus, Hugo, Richardus, Vuillelmus, Robertus, Humfredus, Ranulphus, Harfast, Anschitillus, Humfredus, Turchitillus, Ecrollecap, Ricardus, Vuillelmus Rodulphus, Ricardus, Richardus, Vuascelinus, Vuillelmus, Rodulphus fratres ejus, Goifredus, Vuarinus fratres ejus, Pontius, Richardus, Alveredus, Aichadius filius Roberti, Heltun, Vuillelmus, Madelgerius, Albertus, Herbertus frater ejus, Herchengius, Rodulphus frater ejus, Heraldus, Rocelinus filius ejus, Gillebertus Veilin, Torgtillus, Richardus, Gillebertus, Ansfredus, Ursus, Anasthasius, Alannus, Gonfredus, Ascelinus, Vuitmundus, Tustingus fratres ejus, Gœffredus, Rodulphus frater ejus, Rainfredus, Goifredus, Osbertus, Toroldus, Ro-

dulphus, Rogerius, Archembaudus, Tebaldus, Hunffredus, Rogerius, Fulbertus, Anfredus forest., Rodulphus, Thebardus, Germundus, Vuillelmus, Audoenus, Ansuuit, Osbertus, Vuesman, Gislebertus, Goscelinus frater ejus, Goscelinus, Vuillelmus, Rodolphus frater ejus, Osbertus, Goifredus, Hundulphus, Vueisman, Goiffredus Broc, Gislebertus forest., Herbertus forest., Hagenes, Herbertus et Albuchin [1].

Or, comme on vient de le lire, cette Charte nous donne de très-importants renseignements sur Bernay dans ces temps reculés :

1° Il est désigné comme un chef-lieu ;

2° Comme un lieu où se tiennent des marchés chaque semaine, des foires annuelles, où l'on perçoit des droits et des coutumes : *Concedo etiam in ipsâ villâ Bernaico mercatum per singulas anni hebdomadas et nundinas annales et omnes Consuetudines*, etc.....;

3° Comme un lieu déjà ancien, puisque le nom qu'il porte ne lui a été donné que d'après le langage des anciens : *In honore beatæ et gloriosæ Dei genitricis Mariæ fondamenta posuit* (Judith) *in loco hoc qui Berniacus priscorum dictus est vocabulo.* Tel est le second document qui, seul, suffirait pour attester l'antiquité et l'importance de Bernay ; et si cette ville, dans les temps moins

---

[1] Voyez à la fin de l'ouvrage la traduction de cette Charte, que nous avons donnée pour la commodité de tous nos lecteurs.

reculés, ne joua pas un si grand rôle que Pont-Audemer, Evreux, Beaumont-le-Roger, Lisieux et tant d'autres dont les noms sont mille fois répétés dans l'histoire du moyen âge, il faut l'attribuer à ce qu'elle avait pour seigneurs et pour barons, non pas des hommes turbulents et prompts à sacrifier le sang de leurs vassaux, pour satisfaire leur ambition ou leur vengeance, mais des hommes aimant la paix et dévoués au bonheur de ceux qui leur étaient soumis.

Aussi l'histoire de Bernay est-elle peu féconde en événements importants. Cependant, ce ne sera pas sans quelque intérêt qu'on verra réunis, pour la première fois, les faits suivants qui s'y rattachent intimement et qui méritent d'être connus.

D'abord, c'est la division de Bernay en baronnie et en comté. On pourrait, ce nous semble, en trouver ainsi l'origine.

Depuis l'époque de la mort de Richard II jusqu'au temps où son petit-fils, Guillaume, pût opposer une barrière aux envahissements de ses avides barons, l'abbaye de Bernay perdit sans retour la plus grande partie des biens concédés par la charte. Les uns lui furent enlevés par ruse ou à force ouverte. Les premiers gardiens ou économes du temporel de l'abbaye engagèrent les autres. Ainsi, *Radulphe*, le premier d'entre eux, et en même temps abbé du mont St-Michel, voyant que la mort de Robert plongeait la Normandie dans les horreurs de la guerre civile, céda *Utique*[1], Beaumont, Beaumontel, à *Onfroy*, de Vieilles, pour acheter sa protection. Puis, Théodoric, abbé de Jumiéges, donna la moitié du bourg de Bernay à Hugues, vicomte d'Hiesme et sire de Montgommery, son parent, pour fournir à sa dépense quand il viendrait à Bernay : *Medietatem Burgi Bernaii patri Rogerii de Montegomerici qui erat propinquus ejus ut indè procuraret, quando Bernaium venisset*[2].

L'abbaye ne conserva pas longtemps ces économes ; l'administration fut remise à l'abbé du couvent, mais les propriétés distraites n'en étaient pas moins perdues. La partie donnée à Montgommery, étant échue par héritage au comte d'Alençon, reçut le nom de comté, et les biens qui étaient restés à l'abbaye formèrent la baronnie. De là cette distinction qui dura si longtemps[3].

Vers la même époque, le pays de Bernay se

---

[1] Aujourd'hui St-Evroult.
[2] *Neustria pia*, art. Bernay.
[3] On a dit, entre autres Desplanches, ancien vicaire de la Couture, que Bernay était un titre *postiche*; mais c'est à tort. Outre les preuves nombreuses que l'on pourrait apporter, il suffit de faire connaître que le comte d'Alençon maria, en 1205, son fils avec Alixe de Roye, fille aînée de Barthélemy de Roye, chambrier de France, le désigna comme comte d'Alençon, prit le douaire de la future sur la terre de Bernay, et, en cas qu'elle ne suffit pas, sur celle d'Almenêches ; que les terres confisquées sur Jean Mallet furent données par le roi Jean à Marie d'Espagne, veuve du comte d'Alençon, dit le Magnanime, le 13 juin 1356. Les terres de Bernay furent encore données par le duc d'Alençon, surnommé le Loyal et le Noble, à Marguerite, sa fille. Au quatorzième siècle, le comte d'Alençon possédait encore une partie de Bernay, et Charles, dit le Mauvais, roi de Navarre, était en possession de l'autre.

voyait entouré de châteaux bien renommés; tels que ceux de Ferrières, de Chambrais, Beaumesnil, de Plasnes, etc., dont les seigneurs se signalèrent en maintes occasions. On peut citer Raoul de Bernay qui, vers l'an 1045, s'associa aux belliqueuses entreprises des Normands, et marcha à la conquête du royaume de Naples [1]. Il s'y couvrit de gloire, y acquit de grands biens, et se fit un nom dans la postérité. On peut encore citer le dévoûment et la bravoure que firent paraître, en 1047, la plupart de ses seigneurs en faveur de leur jeune duc [2], Guillaume le Bâtard, surnommé plus tard le Conquérant. Ce dernier, en prenant la couronne ducale, avait excité la jalousie de Guy, comte de Brionne, qui prétendait y avoir des droits plus légitimes, et qui, pour soutenir ses prétentions, engagea bientôt dans sa cause la plupart des seigneurs du Bessin et du Cotentin. De son côté, pour résister à leurs forces réunies, Guillaume eut recours à Henri, roi de France, qui vint en personne avec des troupes. Puis, lui-même, il commanda, dit de Masseville, aux habitants de *Rouen*... de *Bernay*... de *Lisieux*, etc., de prendre les armes et de le suivre promptement. A la rencontre des deux armées, qui eut lieu au *Val-des-Dunes*, auprès d'*Argences*, le combat fut terrible. — Henri, lui-même, fut désarçonné et

---

[1] Mistral, *Almanach historique*, 1787.
[2] Il n'avait alors que 14 ans.

tomba sous son cheval. Mais, à la vue de ce péril, la valeur des soldats normands, ainsi que celle du reste de l'armée, n'en devint que plus impétueuse. Tout plia devant eux. Les ennemis furent en partie tués dans leur fuite ou noyés dans l'Orne, et le duc, après cette éclatante victoire, revint visiter les villes qui lui étaient restées fidèles, pour leur témoigner sa reconnaissance.

Nous voyons quelques années après, 1090, beaucoup de seigneurs français prendre la croix pour marcher à la conquête de la Terre-Sainte, et se mettre sous les ordres de Robert-Courte-Heuse, duc de Normandie, et de Godefroy de Bouillon, duc de Basse-Lorraine. Les seigneurs des environs de Bernay suivirent l'élan qui leur était donné, et nous devons citer les sires de Plasnes, de Ferrières, de Beaumesnil, de Montigny, de Capelles, Henri de St-Clair, Guillaume de St-Hilaire, Jean de St-Léger, etc.[1]

Bernay avait une forteresse dès le XIIe siècle, et on remarque, en effet, pour la première fois, qu'il reçut, en 1123, des troupes en garnison[2].

Henri Ier, duc de Normandie et roi d'Angleterre, venait de s'emparer de Montfort et de Pont-Audemer; mais les pluies qui survinrent après la prise de ces deux places, et les luttes qui s'engagèrent entre les soldats et les villageois, le

---

[1] Histoire générale de la Normandie, par *Gabriel Dumoulin*.
[2] Histoire du comté d'Evreux, par *Lebrasseur*. — Dictionnaire historique et topographique du département de l'Eure, par *M. Gadebled*.

forcèrent, à l'époque de l'Avent, d'en retirer son armée et de l'établir, avec les principaux chefs, dans divers châteaux. Raoul de Bayeux prit son logement au château d'Evreux; Henri, fils de Gouellain de la Pommeraie, à Pont-Authou; plusieurs autres vaillants guerriers dans d'autres lieux, et Eudes de Borleng, si estimé du comte Amaury, vint séjourner à Bernay dont il fut gouverneur. C'est ce même Borleng qui, à la nouvelle d'une conspiration des principaux seigneurs de Normandie contre leur duc, fit sortir ses troupes, pour les réunir à celles de Henri de Pont-Authou et de Guillaume d'Harcourt, et sut si bien animer cette petite armée (environ trois cents chevaliers), qu'il remporta, auprès de Bourgtheroulde, sur des troupes bien supérieures en nombre, une victoire glorieuse pour lui et très-importante pour son prince [1]. (Le 26 mars 1124.)

On choisit, en 1152, les environs de Bernay pour lieu d'une conférence, dont l'issue fut signalée par une lâche perfidie. Waleran, fils du comte de Meulan, était, depuis la mort de Henri Ier, en possession de la ville et du château de Montfort. Cette possession fut le sujet d'une lutte violente entre lui et son neveu, Robert de Montfort, fils aîné de Hugues IV. On tenta d'abord des moyens de conciliation pour rétablir entre eux une bonne intelligence, et, à cette fin,

[1] Histoire de Normandie, par *Dumoulin*.

une conférence eut lieu près de la ville de Bernay. Mais Robert, se voyant en force, ne voulut point de conciliation; il ne craignit pas de s'emparer de son oncle et de l'emmener, chargé de fers, dans le château de Montfort [1].

En 1190, Richard, qui dut à sa force et à sa valeur, le surnom de *Cœur-de-Lion*, passa par Bernay, accompagné des archevêques de Rouen, de Cantorbéry et d'une suite d'une haute noblesse, pour se rendre à Rouen et y recevoir le manteau ducal.

C'est au XIIIe siècle que l'on commence à mentionner le commerce de Bernay. Il consistait autrefois, en ces belles toiles de lin, si connues aujourd'hui sous le nom de fleurets-blancards et toiles cretonnes ou de Rouen, de Brionne, etc. Il était assez considérable aux XVe et XVIe siècles; mais les guerres des calvinistes et les troubles de la ligue, lui firent beaucoup de mal : il reprit beaucoup de vigueur sous Henri IV, Louis XIII et Louis XIV, pour retomber bientôt dans un état de langueur, d'où il ne sortit qu'à l'époque de la première révolution [2].

En 1220, un Juif avait été assassiné dans les rues de Bernay, sans qu'on pût connaître le meurtrier, grâce à l'apathie des bourgeois qui,

---

[1] Histoire de l'arrondissement de Pont-Audemer, par M. *Canel*. — Et notice sur Montfort, par *M. Guilmeth*.

[2] Dictionnaire historique et topographique du département de l'Eure. — Chroniques de l'Eure, par *M. Guilmeth*, etc.

entendant le cri de *haro*, étaient demeurés tranquilles dans leurs maisons, se disant apparemment ce n'est rien, c'est un Juif qu'on tue. Mais on voit, dès la Saint-Michel qui suivit, que les maîtres de l'échiquier, réunis en jugement à Falaise, s'en indignèrent. Tous ces bourgeois inhumains ou égoïstes furent mis en cause, et il fallut que chacun d'eux rachetât par une forte amende, une action si coupable, ou établît authentiquement par six témoins que son absence ou la position des lieux ne lui avait permis de ne rien voir, ni de rien entendre. (Manuscrit de Rosny, Bibliothèque nationale.)

Dans le même siècle, le roi saint Louis honora de sa présence la ville de Bernay. Ce prince, qui connut de bonne heure la Normandie, prit plaisir à répandre ses faveurs et ses largesses *sur cette belle portion de la France qu'il aima*, dit *de Masseville, jusqu'à la passion;* et la ville de Bernay eût le bonheur de n'y être point étrangère. En 1231, comme il venait d'épouser Marguerite de Provence, après les fêtes qui accompagnèrent ce mariage, étant venu avec la jeune reine, faire un voyage de plaisance au château de Pacy-sur-Eure, il se rendit de là à Bernay, où il fut reçu au son des cloches et au milieu des cris de joie d'une multitude empressée de voir son jeune roi. Le 22 décembre, il y tint les grands jours ou assises de justice, entouré de prélats, entre autres,

— 27 —

Guillaume II de Lisieux [1], et de nobles seigneurs et hauts dignitaires. Heureux présage de la réforme qu'il introduisit dans les lois [2], et de cette justice qu'il devait, plus tard, rendre sous le vieux chêne de Vincennes.

Le roi fut sensible à la réception que lui avait faite le peuple de Bernay. Il en garda le souvenir, et, en 1250, il voulut gratifier la ville d'un couvent d'Annonciades, et d'un Hôtel-Dieu qu'il ne faut pas confondre avec l'hospice actuel dont nous parlerons plus bas ; il était situé où se trouve, aujourd'hui dans la Grande-Rue, un magasin de nouveautés, occupé par M. Pernelle. C'est ce même établissement qui a porté dans la suite le nom du couvent des Dames de Saint-François, dites Sœurs hospitalières. Des lettres-patentes de Louis XII leur en confièrent l'administration le 4 avril 1504. Enfin, près de mourir, Louis IX laissa dans son testament de pieux legs à la Normandie, et l'abbaye de Bernay ne fut point oubliée [3].

En 1348, la peste *noire*, ou peut-être le choléra asiastique, quoiqu'elle en différât principalement en ce qu'elle altérait les poumons et qu'on

[1] *In assisia domini regis apud Bernaium habita an. 1231 die lunæ in crastino sancti Thomæ apostoli.* — *Guillelmus II interfuit anno 1231 in crastino sancti Thomæ assisiæ regis apud Bernaium.* (*Neustria pia.*) — Essais historiques, par *Masson de St-Amand.*

[2] Ce fut lui-même, comme on le sait, qui fit revivre entre autres ce principe du droit romain : *Personne ne doit être condamné avant d'être entendu.*

[3] *De Masseville,* histoire de Normandie.

observait sur les corps des malades un grand nombre de taches *noires*, vint répandre la désolation et la mort à Bernay, comme dans les autres contrées de la France et de l'Europe. C'est, de toutes les maladies contagieuses dont l'histoire nous a conservé le souvenir, celle qui a fait les plus grands ravages. En France, elle commença par éclater à Avignon, alors résidence du Souverain Pontif. Il était rare qu'un malade vécût jusqu'au troisième jour. Aussitôt que des tumeurs commençaient à se former aux aisselles et aux aines, le malade devait dire adieu au monde pour ne songer qu'à l'éternité. Un nombre considérable de ses habitants périrent, épuisés par des crachements de sang qui les enlevaient en douze heures, ou frappés de mort subite comme d'un coup de foudre. Le pape Clément VI, dans sa sollicitude pour le salut des âmes, se vit obligé d'accorder une absolution générale à toutes les personnes qui, atteintes de la peste, mouraient dans le sein de l'église avec repentir de leurs fautes. Le nombre des victimes à Bernay ne nous est pas connu au juste; mais nous devons juger qu'il fût très-considérable, quand le chroniqueur Froissard rapporte qu'en France : *bien la tierce partie du monde mourut*. A Paris, à l'Hôtel-Dieu on voyait succomber par jour 500 personnes; nombre véritablement effrayant, si l'on considère la population que renfermait alors la capitale. Dans l'espace d'un mois, elle perdit 50,000 habitants; c'était plus que le tiers; Avignon 60,000; Marseille 56,000; Strasbourg 16,000; 200,000 villages en Europe furent complétement dépeuplés. On vit dans la Méditerranée et dans l'Océan des vaisseaux qui flottaient sans direction, au gré des vents et de la mer, privés de leurs équipages dont tous les hommes étaient morts.

A ces calamités, succéda la famine causée par la sécheresse; elle acheva ce que la guerre, la peste et les fureurs populaires avaient commencées, de sorte que la France, dans le court espace de deux ans, perdit la moitié de ses habitants.

Charles le Mauvais, roi de Navarre et comte d'Evreux, et à ce dernier titre seigneur suzerain de Bernay, ayant donné au roi Jean de grands sujets de mécontentement, avait été arrêté à Rouen par ordre de ce prince, et conduit au forestel d'Arleux (Nord), que les rois de France firent servir de prison d'Etat. Après plus de deux ans, délivré de sa prison par les soins de Philippe, son frère, il obtint un sauf-conduit pour venir à Paris. Par l'accommodement qu'il fit avec le dauphin, il devait être remis en possession des places qu'il occupait en Normandie. Cette convention signée, il vint à Rouen pour faire faire les obsèques des seigneurs arrêtés avec lui, et qui avaient été décapités pour sa cause; mais à peine fut-il parti de Paris, que le dauphin leva des troupes et manda aux gouverneurs des villes qu'il avait cédées de ne point recevoir le roi de Navarre. Ce prince arma de son côté pour forcer le dauphin à l'exécution de l'accommodement qu'ils avaient pris. S'étant présenté devant Bernay, le gouverneur refusa de lui remettre la place. Il fut obligé d'en appeler à la force; mais le siége, soutenu avec vigueur par les habitants, causa quelques ruines, entre autres celle de l'ancienne église de Sainte-Croix, trop voisine du fort qu'on attaquait.

Le roi de Navarre conçut l'affreux projet de faire empoisonner son beau-frère, Charles V; le crime fut découvert au mois de mars 1377. Charles V résolut de se rendre maître de toutes les places que ce prince perfide possédait en Normandie. Le duc de Bourgogne et le connétable Duguesclin furent chargés de l'exécution de ce projet. La comté d'Alençon touchait alors aux États du roi de Navarre, et ces deux princes possédaient chacun une partie de Bernay. Dans la partie appartenant au roi de Navarre, il y avait deux forts: l'un renfermait l'abbaye, l'autre se nommait la *Tour*, dont était capitaine *Pierre du Tertre*, secrétaire et confident de Charles d'Evreux. Ce capitaine s'était engagé à servir son maître envers et contre tous, sans en excepter le roi de France, et à ne remettre la place qu'au roi de Navarre ou à son fils, *sous peine de passer pour un traître*. Dès qu'il sut que les troupes françaises étaient en Normandie, il mit tout en œuvre pour se défendre, et appela à son secours le capitaine et la garnison de Moulin-Capel qui n'était pas en état de tenir. Le sire de la Ferté-Fresnel, maréchal de Normandie, Le Galois, seigneur d'Aché, proche d'Alençon, et Éon Trémagnon investirent la place le mercredi de la semaine sainte 1378 [1].

Le bas-fort, autrement le fort de l'Abbaye, capitula, et la garnison obtint la vie. Jean de Cardonnel, écuyer, dont le manoir et les biens étaient situés au Tilleul et qui commandait peut-être la garnison, fut fait prisonnier. Les assaillants sommèrent du Tertre de remettre la tour au fils du roi de Navarre, le duc de Beaumont, que le duc de Bourgogne, lieutenant en Normandie, amenait avec lui. Il refusa d'obéir. Les Français conclurent une trêve jusqu'au samedi suivant, veille de Pâques, à soleil levant. Ce terme expiré, les assiégeants firent jouer une machine contre la tour, jusqu'à la nuit. Les assiégés, de leur côté, se défendirent vigoureusement. L'attaque recommença le jour de Pâques, après midi, et ne cessa que lorsqu'on aperçut, au soir, un renfort de troupes commandé par le duc de Bourgogne et le connétable. Le lendemain, du Tertre demanda à capituler : il se rendit avec la place, sur la parole

---

[1] Les Mémoires historiques sur Alençon, par *Odolant Desnos*, mettent 1377

que ces deux seigneurs lui donnèrent d'écrire au roi en sa faveur. Le connétable Duguesclin lui promit de le présenter à Charles V, lorsqu'il irait en cour. Il fut convenu que sa femme aurait la jouissance de la moitié de ses biens, pour nourrir et établir ses enfants. Aussitôt, Pierre du Tertre remit à sa femme la clef d'un coffre où étaient renfermés les mémoires et les lettres du roi de Navarre, avec ordre de les brûler; mais ignorant ce qu'ils contenaient, elle négligea de le faire et sortit tout de suite avec son mari, la clef dans la main. Dès que les Français furent entrés, ils se saisirent du coffre où l'on trouva les pièces les plus intéressantes pour constater les crimes multipliés de Charles le Mauvais. Du Tertre, conduit à Paris, n'eut point sa grâce, et, complice des forfaits de Charles, il fut décapité par l'exécuteur public [1].

A la date de 1413, un acte passé à Rouen nous apprend que la ville de Bernay et Menneval furent cédés au prix de 8,000 livres tournois à Jean VII, comte d'Harcourt, et d'Aumale, vicomte de Chatelleraut, par Roger, troisième du nom, Chevalier, seigneur de Bréauté, de Neuville, de Men-

---

[1] On sait quelle fut la triste fin du roi de Navarre. Ce monstre, qui voulait empoisonner toute la famille royale, périt par un accident qu'on peut regarder comme une punition éclatante du ciel. Ses débauches l'avaient épuisé; pour ranimer sa chaleur naturelle, il se faisait envelopper dans un drap imbibé d'esprit de vin et de soufre. Un valet de chambre y mit le feu par étourderie, et il mourut dans des douleurs effroyables.

neval et châtellain de Bernay. Toutefois, ce ne fût qu'avec le consentement de Marguerite d'Estouteville, sa femme, et sous condition de rachat. Ce dernier seigneur, ruiné par les rançons qu'il fut, à plusieurs reprises, obligé de payer aux Anglais, ne pût, dans la suite, faire usage de ce droit stipulé, ni lui, ni aucun membre de sa famille.

Beaucoup de villes importantes en Normandie, *Breteuil*, *Brionne*, *Pont-Audemer*, etc., étaient tombées au pouvoir des Anglais, dont la turbulence et les intrigues de Charles le Mauvais avaient provoqué et favorisé l'invasion. Le roi de France (Jean) s'en était inquiété ; mais Duguesclin, sous Charles V, avait repris toutes les places perdues. Il avait même ruiné, afin qu'ils ne fussent plus d'aucun usage, les châteaux-forts de Pont-Audemer, Pacy, Beaumont, Montfort, Acquigny, etc. Néanmoins, on vit les Anglais revenir en 1417[1] et faire encore une fois le siége de Bernay, dont ils se rendirent bientôt maîtres. Mais au mois d'août 1422, ayant rencontré, non loin de la ville, une armée de 3,000 hommes, commandée par Jean de la Haie et le célèbre Ambroise de Loret, capitaine de Sainte-Suzanne pour le duc Jean II, ils furent obligés de livrer un combat où ils perdirent 2 à 300 hommes, tués ou blessés, et un grand nombre de prisonniers. Le reste fut mis en fuite

[1] C'est à tort que l'on voit dans les Chroniques de l'Eure, par M. *Guilmeth*, placer ce fait en 1448 ; le registre de la Charité de la Couture de Bernay constate que ce fut en 1417.

et se retira dans Bernay. Les Français, qui avaient pour général en chef le vaillant Jean d'Harcourt, comte d'Aumale, les y poursuivirent, et, après un siége de peu de durée, ils y entrèrent et s'emparèrent d'un grand nombre de chevaux, ainsi que de toutes les richesses, provisions et effets, etc., que l'ennemi y avait laissés [1]. Les Anglais, ayant repris plus tard cette place, ils ne l'abandonnèrent qu'en 1449, époque à laquelle ils furent définitivement chassés de la Normandie. Ce fut le comte de Dunois, secondé des comtes de Clermont, de Nevers et de plusieurs autres seigneurs, qui se rendit maître de cette ville et de son château, *place alors bien fortifiée*, disent les mémoires sur Alençon, *et défendue par Jean Of*.

C'est durant cette dernière occupation (1440) que quelques Français, ayant tué plusieurs capitaines anglais, réunis à la place forte de l'abbaye du Bec-Hellouin, 300 Anglais, sortis de Bernay pendant la nuit, s'avancèrent à la faveur des ténèbres pour venger leurs compatriotes. Ils surprirent les Français, en firent un horrible massacre, n'épargnant pas même le prêtre qui célébrait les saints mystères.

Au mois de mars 1449, Charles VII, vainqueur des Anglais, qui ne possédaient plus en Normandie que Domfront, Vire, Falaise, Caen et Bayeux, parcourant les villes que ses armes avaient sou-

[1] Antiquités et Chroniques percheronnes.

mises, vint de Honfleur, accompagné de ses lieutenants-généraux, passer quelques jours à Bernay, pour, de là, se rendre à Essay et Alençon.

Dans le siècle suivant, le protestantisme vint en France diviser les esprits et établir pendant 30 ans des luttes sanglantes auxquelles Bernay se trouva mêlé comme malgré lui. La bataille de Dreux avait donné la victoire au duc de Guise. L'amiral de Coligny, apprenant qu'on négociait la paix et que le prince de Condé, qui avait été fait prisonnier, était sur le point de la conclure pour tout le parti, voulut profiter du temps qui restait avant la conclusion de cette paix. Il sortit donc de Caen, entra dans plusieurs villes pour les piller, divisa même ses troupes pour mieux réussir, et envoya le prince Porcien contre Lisieux. Mais ce dernier n'eut point de succès. Les habitants le repoussèrent et lui prirent beaucoup de bagages.

Irrité de cette résistance, Porcien se jeta sur Bernay et en fit le siége. Les habitants voulurent imiter ceux de Lisieux, mais trop faibles, ils succombèrent. Bernay fut pris d'assaut, saccagé, pillé, brûlé, ainsi que l'abbaye, les chapelles et églises, avec leurs trésors et chartriers [1]. Les prêtres furent impitoyablement massacrés pour avoir excité les catholiques à se défendre (18 mars

---

[1] Manuscrits de 1765, de *Masseville*, histoire de Normandie. — Chroniques de l'Eure, etc.

1563). Ainsi que le constate un procès-verbal en 1563, la désolation et la pillerie ne furent point dues seulement à la force et au fait des *reîtres* et gendarmes, qui ne séjournèrent qu'un jour ; mais la plus grande partie du mal causé à l'abbaye fut l'œuvre de *ceux du bourg et de ceux des environs* (vassaux de l'abbaye), *qui brisèrent, pillèrent, dissipèrent tout ce qui tomba entre leurs mains, ou emportèrent tout ce qu'ils purent transporter, puis mirent le feu à l'édifice.* L'abbaye resta sans aucun meuble, et le feu prit de tels accroissements de place à autre, qu'il brûla la plupart des logis de l'abbaye, et il *ne resta un seul lieu ou maison seure ou habitable, tant pour l'abbé religieux et officiers et serviteurs d'icelle maison, et furent contraints soi retirer ez hôtellerie du dit bourg de Bernay pour habitation.* Ces pillards ne s'arrêtèrent pas au ravage et à l'incendie : ils poussèrent leur fureur jusqu'à l'impiété et au sacrilége ; ils enlevèrent les reliquaires, couverts d'argent et renfermant des objets en or, et ce qui fait voir qu'ils n'habitaient pas loin de Bernay, c'est que de jour en jour ils rapportaient le bois de ces reliquaires, dépouillés de leurs riches ornements, et le jetaient dans l'abbaye. L'église seule de Notre-Dame de la Couture échappa comme par miracle à la désolation commune.

La charité de la paroisse de Sainte-Croix, confrérie fondée en 1400 par Guillaume d'Estouteville, nous a conservé dans ses registres une pièce de vers assez curieuse. Elle nous apprend que le comte de *Montgommery*, fait prisonnier à Domfront, passa par Bernay. Voici cette pièce et tous ses détails :

> « Ne trouve la postérité
> » Mauvais ce qui est récité
> » Cy-après ; saichent toutes gens
> » Que l'an de grâce mil cinq cent
> » Septante et quatre iustement,
> » Propre jour du Saint-Sacrement,
> » Le dixième de juing, pour vrai,
> » Par cette ville de Bernay
> » Passa, bien honteux et marry,
> » Le comte de Mont-Gommery,
> » A tout mal très-expert et prompt,
> » Qui tenait fort dedans Damfront,
> » Et chef des huguenots était,
> » Lequel à Paris on menait
> » Pour recepvoir, pour son grand vice,
> » Quelque sentence de iustice,
> » Telle qu'il l'avait méritée.
> » La ville alors fut si troublée,
> » Voire et receut un tel dommage
> » A loger le grand équipage
> » De gents de pied et de cheval
> » Qui menaient ce faux déloyal,
> » Qu'on ne put faire l'échevin.
> » Mais le lendemain, jour de Saint-Ursin,
> » Guillaume Guérin, bon bourgeois,
> » Par la pluralité de voix
> » Feut en cet office posé,
> » Et même Claude des Hoyse
> » L'office de prévost receut,
> » Par qui Thaurin-les-Portes eut
> » Congé avec un grand honneur,
> » Car il était bon serviteur. »

En 1572, au mois d'août, la ville de Bernay ne paraît point avoir été victime des suites funestes, de l'ordre donné dans toute la France, d'immoler les protestants. Grâce à son pieux évêque qui obtint de celui à qui les lettres de la cour étaient adressées, de *surseoir au massacre*, et qui, par ce sage délai, sauva les protestants de sa ville et de son diocèse.

Quoiqu'il ne reste, pour ainsi dire, plus de vestiges des anciennes fortifications, il est néanmoins certain, comme on a déjà pu s'en convaincre, que Bernay fut, autrefois, une place forte. Son importance, toujours croissante, et des circonstances diverses la firent entourer de plusieurs ouvrages de fortification.

On a vu qu'au xii⁰ siècle, il était défendu par une forteresse ou *le Bas-Fort*, dont Borleng fut nommé gouverneur en 1123. Tout porte à croire qu'il n'y avait que ce fort, élevé pour protéger l'enceinte de l'abbaye.

Charles II, roi de Navarre, y ajouta une grosse tour qu'il fit construire sur l'emplacement du couvent des Cordeliers, et, afin d'en rendre l'approche moins abordable, des fossés furent ouverts de chaque côté [1].

La construction des « *cinq portes avec guichet,*

---

[1] Ces religieux furent forcés de laisser raser leur maison. Plus tard, cette tour fut démolie, et ils rentrèrent sur leurs terrains sur lesquels ils firent bâtir, vers 1646, une nouvelle chapelle et le reste des bâtiments que nous voyons encore aujourd'hui.

» *toutes de bois, couvertes de thuiles et haultes de*
» *vingt pieds ou environ de espoisseur de un*
» *pied* », doit être reportée à la première moitié du xve siècle.

Cent ans plus tard, vers 1540, François Ier donna « *à ses chers et bien amez les manans et*
» *habitans du bourg de Bernay, l'autorisation de*
» *se clore, d'avoir et de lever, à cette fin, aides,*
» *subsides, deniers communs, dont ils jouissent et*
» *plusieurs impositions qu'ils pourront recueillir*
» *pendant six ans sur les denrées et marchandises,*
» *vendues et distribuées à Bernay.* » Ce fut avec cette somme, montant pour la première année à onze cents livres tournois et à sept ou huit cents pour les autres, que de nouvelles fortifications se commencèrent. Toutes les ressources n'y furent cependant point employées de suite. Au mois d'août 1544, il fut constaté par un procès-verbal que « la ville était environnée et circuye d'une
» haulte coste et montagne nommée les monts
» Saint-Michel, qui est coste raide et droite et
» quasi inaccessible à monter, qui est commencée
» à dresser par lesdits habitants et couppée à
» pied droit, pour servir de clôture et en lieu de
» muraille, laquelle si parachevée était, comme
» elle est, en la plupart, jà couppée à pied droict,
» l'on ne pourrait entrer dans la ville par ledit
» costé; et d'autre costé, de vers l'église de la
» Couture y a commencements de grands fossés

» et rempartz de vingt-cinq pieds de large ou en-
» viron dudit costé qui pourrait être de cent cin-
» quante espaces, et le reste dudit costé sont
» praieries et rivière, et aux deux boutz sembla-
» blement avec quelques terres labourables [1]. »

Une autre pièce non moins authentique, mais moins ancienne de quelques années, nous apprend encore que « la ville *était* close devers l'église de
» la Couture d'un grand fossé de vingt-cinq à
» trente pieds et long et après du couvent des
» Cordeliers et suyvamment de la grosse Abaye et
» muraille d'icelle en laquelle y a des tourelles et
» deux cours d'eau de la rivière, qui passent par
» auprès des dites murailles. A l'un des boutz, y
» a un grand estang avec plusieurs marescaiges
» qui empêchent que l'on ne peut entrer au lieu
» de Bernay par cet endroit, à l'autre bout
» un fossé qui prend depuys l'une des dites portes
» jusques à l'un des cours de la dite rivière pas-
» sant par le dit lieu de Bernay. »

Les portes, bien que le procès-verbal n'en parle pas, existaient déjà, elles doivent donc être mentionnées. C'est aussi à cette époque qu'on éleva le donjon de la Barrière d'Orbec, où d'après une note manuscrite, les habitants « qui
» avaient donné la main aux huguenots, furent

---

[1] Extrait de *quelques documents* pour servir à l'histoire de Bernay, par M. A. Canel, et imprimés dans le Recueil des travaux de la Société Libre d'Agriculture, Sciences du département de l'Eure, t. 1er, 2e série, 1841.

» enfermés et pendus, ensuite, aux porches de
» la halle, sous le prétoire, le 16 février 1575 [1]. »

Tels avaient été jusqu'en 1578, les différents travaux exécutés à diverses reprises et élevés pour donner plus de sécurité aux habitants de Bernay. Cependant tout ce qu'on avait fait jusqu'en 1544, n'avait pas suffi pour donner droit à cette ville, au titre de *ville close*. On la relégua officiellement dans la classe des bourgs ouverts, et on la déclara exempte de taxe prélevée dans les années de guerre, sur les villes entourées de murailles.

Mais les habitants se rappelèrent ce qu'ils avaient souffert depuis 50 à 60 ans. Au mois d'août 1535, ils avaient vu le nommé Grosdos, sa compagnie et celle du Borge de Saint-Jacques, fondre sur leur

---

[1] Il est à croire que ces halles et le prétoire dont il est parlé étaient situés rue du Collége, entre le petit Couloir, autrefois ruelle qui conduisait à la chapelle Sainte-Gertrude, et la rue de Lisieux. On dit encore : *Faire le tour des étaux*, pour signifier faire le tour de cet emplacement. Il y avait donc des halles. Peut-être faut-il aussi placer dans cet endroit le siége et l'auditoire du vicomte et du bailly d'Alençon. Du reste, il y avait d'autres halles comme l'apprend un écrit de ce temps : « Les maisons de Bernay sont de grande essence et bâti-
» ment, toutes contenence l'une à l'autre à grand nombre jusqu'à
» 4,000 environ. Les rues de grande longueur et largeur, toutes pa-
» vées et jusqu'au nombre de 30 environ. Le lieu habité de artisans
» et marchands de toutes sortes de marchandises, riches et opulentz
» en biens autant qu'en ville de Normandie... Il y a maison de ville
» et officiers pour les affaires communes de la ville et artillerye et baston
» de déffense commune. Il y a marchez ordinaires, troys foys la sep-
» maine et entre lesditz marchez il y en a ung au samedi qui est plus
» beau marché de dix lieues à l'entour, tant de bêtes que autres cho-
» ses; foires deux ou troys par au de grande renommée au royaume de
» France... Il y a halles tant à bled, draps, chair, pain, toiles, que
» autres marchandises jusqu'à cinq ou six distinguez et séparez l'une
» de l'autre. »

ville, n'avaient pu les repousser et avaient été pillés.

A la Toussaint de la même année, il y eut « ung » effraye, et ils furent contraintz, arrivez et non » arrivez, jusqu'à Treille près Paris. »

Aux environs de la Toussaint 1537, Grostheil et sa compagnie de quatre-vingts hommes, avaient pris d'assaut le bourg de Bernay, y avaient séjourné comme en vainqueurs, commis des pillages, tué plusieurs habitants et avaient, « *le dit Grostheil,* » *sa compagnie et autres voleurs par plusieurs* » *foys faict sauver le Tabourin au dit Bernay et* » *lorsqu'il n'étaient que dix ou douze.* » Cependant la témérité de ce chef avait été cause de sa perte ; il fut tué « *en amasse dedans la ville.* »

Inutile de rappeler les tristes effets qui suivirent la prise de ce bourg en 1563. Ils resteront à jamais dans les annales du pays, comme un effroyable exemple d'une ville livrée au pillage.

D'un autre côté, ce bourg s'était vu journellement molesté, surchargé et opprimé aux passages des gens de guerre, auxquels il était sujet, n'étant pas ville close. Ainsi, au mois de juin 1524, il avait dû fournir aux dépenses de la compagnie de la Grue, autrement dite *les six mille diables*, qui y séjournèrent deux jours au nombre de huit cents hommes.

En 1533, ou environ, le colonel de Tracy avait

passé par Bernay avec sa compagnie et avait séjourné un jour et demi.

En 1536, ou environ, le neveu du cardinal le Veneur, avec sa compagnie, avait logé à Bernay un jour et demi.

En 1539, deux cents hommes de pied, qui se disaient aller à Canadoz et Honfleur, y avaient séjourné un jour et demi.

En 1540, la compagnie de Dumont de la Vigne, composée de mille hommes, y avait séjourné un jour et demi.

Au mois de mars 1542, Bernay avait encore logé les *lansquenetz* jusqu'au nombre de quatre à cinq mille, pendant plus de six jours.

En 1546, il avait logé encore la compagnie de l'amiral, composée de cent hommes et deux cents archers, pendant plus de trois semaines et fut obligé de dépenser plus de 4,000 livres.

En juin de la même année, soixante-quinze hommes y avaient séjourné, se rendant à l'embarcation du Havre, lorsqu'on allait en Angleterre.

Enfin dans le même mois, les capitaines Dupont et Hame, avec leurs compagnies, y étaient venus séjourner deux jours, et plusieurs autres gens de guerre et leurs capitaines, *desquels n'en étaient les dits de Bernay, mémoratifs.*

C'est pourquoi, *vexés et incommodés par les fréquentes incursions des soldats vagabonds qui pillaient dans les temps de troubles*, les habitants résolurent, enfin, de mettre leur ville au rang de celles qui étaient vraiment closes. Nous sommes heureux de pouvoir compléter ces détails par d'autres que nous trouvons dans une requête présentée au roi Henri, troisième du nom. Au mois d'août 1578, ils lui demandèrent la permission de « *clore et fermer leur bourg de fossés, murailles,* » *portes, et d'y élever et construire des remparts* » *et fortifications nécessaires à leur tranquillité.* » Pour cela, ils s'imposèrent une somme de 2,000 livres, mais ces 2,000 livres ne furent pas à beaucoup près suffisantes. Ils obtinrent, donc, de secondes lettres-patentes, au mois d'août 1579, pour être autorisés à lever encore sur eux, 1,000 écus, par augmentation en un an ou deux, pour continuer et achever les ouvrages, et sans toutefois retarder la perception de la taille et autres deniers royaux.

Mais, outre ces sommes, les habitants de Bernay furent obligés de faire des emprunts pour se mettre en mesure de conduire leur entreprise à bonne fin. Ils obtinrent encore des lettres-patentes, le 23 juin 1586, lesquelles furent accordées par le roi pour leur donner moyen d'acquitter les sommes par eux empruntées, pour employer le reste à la clôture et fortifications de la ville, indemniser les particuliers des terres, maisons et lieux, pris pour ladite clôture et fortifications, et pour bâtir un collége.

Tous les travaux furent donc achevés ; et la ville pût avoir, tant en nouvelles qu'en anciennes fortifications, des murailles flanquées de tours de distance en distance ; une forteresse ou bas-fort, de larges fossés avec remparts, et cinq portes qui ont conservé leur nom jusqu'à ce jour : celles *d'Orbec, de Lisieux, de Rouen, de Paris* et *des Champs*, avec cinq faubourgs qui y correspondaient, les faubourgs de *Bougeville*, de la rue *Marie*, etc.

Les habitants de Bernay, que ces nouvelles fortifications rassuraient, éprouvèrent bientôt qu'elles étaient une faible protection ; car loin de les sauvegarder, elles attirèrent sur eux les plus grands malheurs.

En effet, en 1589, des bandes de paysans se soulevèrent pour se soustraire au pillage des gens de guerre et à l'exaction des sergents de taille. On leur donna le nom de *Gauthiers*, parce qu'ils avaient choisi, pour s'entendre, le village de la Chapelle-Gauthier. Au nombre de dix ou douze mille, ils firent de *Vimoutiers*, de *Bernay* et de la *Chapelle-Gauthier*, leurs principales retraites. « Heureux, dit Mizeray, s'ils n'eussent point admis » parmi eux des gentilshommes qui les engagèrent » dans les querelles des grands dont ils n'avaient » que faire. » Ainsi, le comte de Brissac, gouverneur de Picardie, que le roi venait de grâcier [1],

---

[1] En janvier 1589, Richelieu, grand prévôt de l'hôtel, l'avait fait arrêter.

n'écoutant que le ressentiment de l'injure qu'il avait reçue, gagna à la cause des ligueurs quatre mille Gauthiers, qui jusqu'alors, en prenant les armes depuis deux ans, ne s'étaient donnés à aucun parti. Il les amena au secours des ligueurs de Falaise que le duc de Montpensier, gouverneur de Normandie, tenait assiégés et fut cause de leur perte. Le duc, en effet, alla à leur rencontre et en tailla trois mille en pièces, auprès du village de Pierrefite, à deux lieues de Falaise. Après cette défaite, il voulut leur arracher leurs retraites, dont ils avaient fait comme leur place de guerre. Vimoutiers, petit bourg, sans murailles, ne lui opposa qu'une faible résistance. Il n'en fut pas de même à Bernay, dont les habitants s'étaient engagés témérairement dans la ligue [1], et que ses fortifications mettaient en état de soutenir un siége en forme. Cette ville fit une longue et vigoureuse défense, et les Gauthiers ne cédèrent qu'à la dernière extrémité. Pour se rendre maîtres de la ville, les assiégants furent obligés de se servir de la grosse artillerie.

La brèche étant ouverte, ils donnèrent un premier assaut, mais sans succès. Ce ne fut qu'au second et après quatre heures d'un combat acharné que la place fut forcée. Bacqueville, seigneur et gouverneur de Pont-Audemer, et Grimouville, capitaine, y entrèrent à la tête de leurs soldats et

---

[1] *De Masseville*, Histoire de Normandie.

y mirent tout à feu et à sang. La plus grande partie de la ville fut brûlée, la forteresse rasée et les Gauthiers partie assommés, partie écartelés. Toutefois, ceux qui se rendirent à discrétion eurent la vie sauve et purent retourner à leur charrue [1]. Pendant ce siége, l'abbaye suivit le sort du reste de la ville; les Gauthiers chassèrent tous les religieux et les novices de leurs maison et couvent. Pour s'en faire un fort, et afin de le mettre en meilleur état de défense, ils ruinèrent trois moulins et bâtiments qui en dépendaient; l'église et les autres bâtiments furent brûlés et ruinés. Après avoir vidé le chartrier pour en faire une prison, ils brûlèrent en partie les titres et jetèrent le reste dans la cour à la discrétion de chacun. Henri III fut obligé par *trois fois* de faire le siége de cette ville, et durant ces tristes alternatives, l'abbaye servit de forteresse aux garnisons de l'un et de l'autre parti [2].

L'année suivante, les habitants indignés d'avoir à loger des huguenots que les capitaines Valages et Duclos, calvinistes forcenés, avaient fait venir pour renforcer leur parti, manifestèrent ouvertement leur mécontentement. Et Jean Pocquet, bourgeois de Bernay et échevin de la charité de Notre-Dame de la Couture, occasiona une lutte sanglante par l'opposition qu'il mit à les recevoir. Bernay subit encore une fois le joug de la force

---

[1] Histoire de France, par *Mezeray*. — Note du XVIIIe siècle.
[2] Extrait du procès-verbal du pillage de l'abbaye, rapporté en 1596.

armée et fut pillé de nouveau ; tous les bourgeois et marchands furent mis à rançon. Comme l'un des faubourgs, celui des *Champs*, refusait de se soumettre, les deux capitaines firent porter des fagots pour les jeter tout enflammés sur ce faubourg et le réduire en cendres, et là s'offrit un spectacle qui montre à quels excès peut conduire l'acharnement des partis. On vit « *une femme, la mère de Va-* » *lages, commander elle-même sur les fossés*, dit le » livre de la charité de la Couture, d'où nous » tirons ce fait, *de mettre le feu au faubourg,* » *de telle sorte qu'il ne restât pas une maison qui* » *ne fût brûlée et consumée.* » Telle fut la terrible épreuve que Bernay eut à subir en cette circonstance ; heureusement ce fut la dernière. Des temps plus calmes ayant succédé à ces temps de guerre et de séditions, la tranquillité fut rendue à la ville comme à tout le royaume. Les fossés et les fortifications devenant inutiles, l'entretien en fut négligé ; les murs et les tours se trouvèrent à la longue ensevelis sous les ruines, les fossés furent remplis[1], et une partie du terrain qu'occupaient les boulevards et les fortifications a été convertie en jardins, et l'autre partie destinée à des constructions[2].

Avec le calme, on vit revenir, à Bernay, un

---

[1] Factum que nous avons vu à la mairie de Bernay.

[2] C'est ainsi que l'on voit les rois de France confirmer des concessions faites par la ville, entre autres, en 1753, d'une portion de ces remparts et boulevards au sieur Bréant, pour une somme de douze cents livres.

grand nombre de citoyens qui, durant les guerres civiles, avaient pris la fuite pour échapper aux désastres de la guerre. A peine étaient-ils de retour dans leur ville natale, qu'un fléau d'un autre genre et non moins terrible que la guerre, vint s'abattre sur Bernay. La peste, en 1596, sema la mort de tous côtés et enleva, en peu de mois, une grande partie des habitants de la ville. Elle reparut encore le siècle suivant, en 1650, et ne fit pas moins de victimes. Mais si le tableau d'une ville ainsi désolée a quelque chose qui attriste le cœur, on est consolé par le souvenir des actes de dévoûment qui se multipliaient au milieu de tant de périls. On vit le clergé de la ville et les frères de la charité des deux paroisses remplir leurs pieux et pénibles devoirs, avec un héroïsme au-dessus de tout éloge, aucun d'eux ne reculant devant le sacrifice même de sa vie. Fallait-il porter au pestiféré mourant les secours de la religion? Fallait-il, au péril de ses jours, l'ensevelir et lui rendre le dernier devoir? Rien n'ébranla leur courage, rien n'effraya leur charité. Aussi, Dieu touché d'un dévoûment si généreux, les couvrit de sa puissante protection et ne permit pas qu'ils fussent atteints par le fléau. Quel ne fut pas leur étonnement, lorsque la contagion eut cessé, de voir que pas un d'entre eux, pas même un seul membre de leurs familles, n'avait succombé. Pleins de reconnaissance, ils prirent soin de consigner dans leur registre cette circonstance miraculeuse, pour conserver à leurs successeurs une preuve éclatante des bienfaits de la Providence sur ceux qui exercent la charité envers le prochain. Ils ajoutèrent à cet acte une pièce de vers que le lecteur verra avec plaisir. Nous la rapportons ici, parce qu'elle mérite d'être connue, tant à cause de son antiquité que des pieux sentiments qu'elle respire :

> Mortels, à nos dépens, apprens ta destinée
> De l'étrange accident d'une funeste année.
> Tu verras nos péchez très-iustement punis
> Et tes maux (si tu veux), par les nôtres finis.
> Après un peu de guerre et un peu de famine [1]
> Pour combler nos malheurs la vengeance divine,
> Nous envoia la peste, et, par un triste sort,
> Mit un nombre très-grand de Citoyens à mort.
> Mais, aussitôt que Dieu sur ces pauvres victimes
> Exerçait sa iustice en chastiant leurs crimes,
> Sa bonté suscita, par un trait merveilleux,
> De pieux chappelains, des frères généreux,
> Qui, sans craindre la mort, hazardèrent leur vie,
> Au milieu du danger, n'ayant point d'autre envie
> Que de glorifier Dieu. Estaient-ils avertis,
> Couraient, et par miracle ont été garantis.
> Les noms des chappelains, des commis et des frères
> Méritent d'estre escrits d'éternels caractères [2].

Bernay, *pays de sapience* [3], eut de bonne heure l'avantage de posséder un collége. Les sommes nécessaires à la fondation de cet établissement avaient été allouées dès 1586. Elevé sur un emplacement voisin de l'église Sainte-Croix, il fut

---
[1] Nous n'avons rien pu trouver sur les circonstances de cette famine.
[2] Extrait du livre de la Charité de Sainte-Croix, année 1650.
[3] Manuscrit de 1765, etc.

Couvent des Religieuses Augustines, aujourd'hui le Collège.

achevé dans les premières années du xviiᵉ siècle, par les soins d'un nommé *Asse*. Plus tard, le curé de cette paroisse, principal du collége, en nomma les professeurs, en vertu d'un pouvoir à lui donné par titre de fondation, en date du 14 mai 1680 [1]. D'un autre côté, l'instruction des petites filles de la ville ne fut point négligée. Elle fut confiée aux religieuses Augustines, dites de la Congrégation de Notre-Dame, ou encore Dames-de-la-Comté, qui s'y étaient dévouées à une époque que nous ne pouvons préciser. Seulement, nous les trouvons établies, place du Pilori, dès l'année 1641 [2]. Leur maison, comme nous l'assure un factum récent, fut bâtie à deux reprises différentes. On ne toucha pas, d'abord, à la rue Taillefer qui, venant du

---

[1] Extrait des registres de catholicité de la paroisse Ste-Croix.

[2] Ce sont les dames de cette ville qui ont eu l'honneur de fonder l'établissement des Dames de la Congrégation à Rouen. Voici les circonstances assez extraordinaires qui y donnèrent lieu : Une demoiselle, nommée Catherine Lefebvre, née à Jouvenaux (ancien diocèse de Lisieux), était à peine sortie de l'enfance, lorsque sa beauté remarquable la fit rechercher en mariage ; mais elle refusa toutes propositions, et son refus fut cause de son enlèvement. On ne pût cependant lui enlever ni son honneur ni sa vertu. Peu de temps après, on la força d'épouser son ravisseur ; elle obéit, mais au sortir de l'église, elle prit la fuite, et se réfugia d'abord chez sa mère, puis chez les religieuses de la Congrégation de Bernay, où elle fut reçue novice au mois de novembre 1641. Pendant le cours de son noviciat, on l'engagea à fonder un monastère du même ordre dans la ville de Rouen. Elle y consentit et donna sept mille livres, et en outre huit cents livres de rente sa vie durant. Comme elle n'était pas en âge de disposer de son bien, elle attendit jusqu'en 1647 à prononcer ses vœux. Durant ce temps, elle partit pour Rouen, déguisée en villageoise, dans la crainte de quelque nouvelle violence, et accompagnée d'un simple paysan. Elle et les religieuses de Bernay, qui commencèrent la fondation, habitèrent d'abord une maison rue Herbière ; mais dès que la fondatrice eut fait profession, elles la quittèrent, après avoir acheté une autre place, rue Notre-Dame, paroisse Saint-Maclou, et s'y transportèrent en juillet 1648.

bois de ce nom, aboutissait à la place du Pilori, pour continuer jusqu'à l'église de la Couture ; mais, dans une seconde construction, les Dames-de-la-Comté, de concert avec le propriétaire de la maison voisine, appartenant aujourd'hui à M. Sement fils, s'emparèrent d'une fraction de la rue Taillefer. Ce couvent, à la grande révolution de 93, changea de destination, et l'administration de la ville en fit un local pour le collége.

Un autre établissement, non moins important, fut fondé vers la fin du xviie siècle. Nous voulons parler de l'hospice général. Dieu choisit, dans une maison de la ville où régnaient la piété et la charité, la personne qu'il destinait à créer une si belle œuvre. Anne d'Alzac, veuve de Marc-Antoine Deshayes, écuyer et seigneur de Ticheville, touchée du malheureux sort des pauvres toujours si nombreux à Bernay, résolut, toute jeune encore, de consacrer sa vie et ses revenus à leur soulagement. Elle fut puissamment secondée dans cette charitable entreprise par plusieurs personnes, entre autres par Léonore Matignon, évêque de Lisieux, qui sollicita et obtint du roi, en 1697, des lettres-patentes pour l'établissement de cet hospice.

Deux religieuses hospitalières de Vimoutiers vinrent, la même année, à Bernay, pour commencer cette œuvre de bienfaisance. Mais comme l'hospice n'était pas en état de recevoir les pauvres

Hospice. (Côté du Midi.)

et les infirmes, elles furent chargées de les recueillir dans une maison située rue de Geoles (rue étroite), qui servit à cet usage jusqu'au 30 novembre 1706.

A cette époque, l'hospice étant terminé, le grand-vicaire de Lisieux, suivi des religieuses, y transporta le Saint-Sacrement de la maison qu'elles avaient provisoirement habitée. Cet établissement, fondé par Mme de Ticheville, quoique considérable comme nous le voyons, n'est pas complet : on devait plus tard, selon les ressources, y ajouter l'aile qui manque. La surveillance de cet hospice était confiée dans son origine au curé de Notre-Dame de la Couture. Il avait le droit de le visiter, et même, sur un billet de sa main, les pauvres y étaient reçus. Parmi les administrateurs qui se dévouèrent à cet établissement de bienfaisance, nous devons citer Louis-Alexandre d'Irlande, mort à 42 ans le 12 juillet 1740. La vénération dont il fut entouré pendant sa vie dure encore après plus d'un siècle. Ce saint prêtre, frère d'Adrien d'Irlande, curé de la Couture, loin de se prévaloir de sa naissance et de ses talents, se montra dans toutes ses actions l'imitateur fidèle de celui qui a dit : *Apprenez de moi que je suis doux et humble de cœur*. Il regarda avec une sainte frayeur les dignités de l'Eglise, et les refusa avec autant d'empressement que d'autres les recherchent. Sans cesse au milieu des pauvres, qu'il aimait comme un père aime ses enfants, et dont il fut tendrement aimé, il s'occupait à aller à la recherche des infirmes, à les nourrir, à les instruire et à les conduire à Dieu. Près de mourir, il demanda à être inhumé au milieu d'eux, dans le cimetière de l'hospice [1].

L'administration de cet établissement, comme partout ailleurs, est aujourd'hui confiée à des laïques, et le service des malades à des sœurs de saint Vincent de Paul.

Mais le plus vaste et le plus antique de tous les monuments de Bernay est sans contredit l'abbaye. Ici nous rapporterons quelques faits qui la concernent exclusivement. Elle fut érigée en honneur de la Mère de Dieu, et placée à son origine sous la direction du bienheureux Guillaume de Dijon. Longtemps considérée comme une dépendance du monastère de Fécamp, elle en reçut ses administrateurs ou gardiens; mais ces derniers, dont la puissance était toute spirituelle, ne purent sauvegarder tous ses biens contre d'avides barons. L'abbaye fut donc obligée de céder à quelques grands seigneurs une partie de ses vastes domaines en échange de la protection qu'ils lui assuraient, et bientôt après elle remplaça ses gardiens, placés à la tête de l'administration de cette maison, par des abbés proprement dits.

Le premier est Vital [1], moine de Fécamp, homme

---

[1] Registres de la catholicité de la paroisse de la Couture.

actif et expérimenté. Il sut élever l'abbaye à un haut point de splendeur. Nous le voyons, le 28 mai 1065, assister aux obsèques du célèbre abbé de Saint-Evroult, le pieux Osbern, son ami. C'est lui qui obtint en faveur de son monastère, lors du concile de Lillebonne, en 1080, la possession de l'église de Bolbec, dont Roger Porchet et ses enfants, Hugues de Bolbec, Adam de Raffetot et plusieurs autres seigneurs, jouissaient chacun pour une partie. Guillaume le Conquérant, sachant quelles étaient ses hautes qualités, lui donna en Angleterre le gouvernement de l'abbaye de Westminster.

Dès lors, son frère Osbern, religieux de Troarn, fut désigné par les soins du duc-roi, pour être son successeur à Bernay. C'est cet abbé qui assista aux funérailles de Guillaume, en 1087.

Nous ne donnerons pas la liste des abbés dont les noms sont indiqués dans le *Gallia Christiana*. Nous passons à la vive discussion que Richard, cinquième abbé, eut avec l'abbé de Fécamp. Le premier voulut s'affranchir du joug de Fécamp et assurer à ses religieux le droit de choisir eux-mêmes, désormais, celui qui devait les gouverner. Il y parvint; mais ce ne fut qu'en 1142, époque à laquelle il fut statué par les soins d'Arnulphe, évêque de Lisieux, et en présence de Hugues, archevêque de Rouen, et de plusieurs autres dignitaires ecclésiastiques, que *dorénavant les abbés* de Bernay seraient tirés indistinctement ou de Fécamp ou de Bernay, selon la volonté des religieux.

Odo Rigault, dans son registre des visites, nous a conservé quelques renseignements sur l'état de l'abbaye au milieu du XIIIe siècle. En 1249, ce couvent avait 2,000 livres de revenu et comptait quinze moines dont dix prêtres. Mais si le nombre était descendu de trente-cinq à quinze, on devait l'attribuer à un incendie qui avait réduit l'abbaye à une extrême misère et l'avait forcée de contracter d'assez fortes dettes (300 livres). Même dans ces temps difficiles, elle se fit un devoir de distribuer d'abondantes aumônes, le lundi et le samedi de chaque semaine, à tous les mendiants qui se présentaient ; le mardi à tous les lépreux, et le jeudi à tous les écoliers pauvres. En 1254, elle devait 2,000 livres par suite des constructions nouvelles. Toutefois, en 1267, elle avait réparé ses pertes et elle comptait vingt-quatre religieux, dont vingt dans le sacerdoce.

D'après le *Neustria pia*, article *Bernayum*, on lit qu'une grave contestation s'éleva entre l'abbé et le duc d'Alençon, qui prétendait être le patron de ce monastère. L'affaire fut portée devant le juge souverain, et Philippe III décida qu'une abbaye fondée par un duc de Normandie ne devait appartenir qu'au roi de France, puisqu'il était devenu maître de cette province. C'est pourquoi il déclara dans une charte du mois de juin 1280,

Abbaye des Bénédictins, aujourd'hui l'Hôtel de Ville.

qu'il était *seigneur et patron* de l'abbaye ; et par suite de cette décision, elle porta le titre d'*Abbaye royale*.

Nous ne répéterons pas ce que nous avons dit des tristes résultats qui accompagnèrent ou suivirent les siéges de Bernay; l'abbaye en souffrit, tant pour le temporel que pour le spirituel. Au milieu de ces agitations, l'observance de la règle, la piété des moines ne purent que s'affaiblir. Après le pillage par Coligny, chef des calvinistes, l'abbaye fut rétablie et enrichie par les bienfaits de N. Hennequin et de son successeur. On jeta les fondements du vaste édifice qui sert aujourd'hui de mairie, de prison, de sous-préfecture, de tribunal, etc., etc., etc. L'église, elle-même, fut exhaussée dans toute sa partie supérieure; le portail fut restauré d'après le style du temps. En 1628, Dreux Hennequin de Villenoce appela des réformes de la congrégation de Saint-Maur, et l'abbaye ne tarda pas à recouvrer son ancienne splendeur.

M. Auguste Le Prévost, ayant décrit, dans son *Mémoire sur quelques monuments du département de l'Eure*, la belle architecture romane de l'église des Bénédictins, nous y renvoyons les lecteurs. Seulement, nous reviendrons sur les trois écussons qu'on voit dans la nef. L'un *échiqueté d'or et d'azur au franc quartier d'hermines*, nous paraît être emprunté des ducs de la maison de Dreux.

Selon M. Le Prévost, l'abbaye adopta ces armoiries. (Planche des armoiries, n° 5.)

Quant à celui du milieu, aujourd'hui, presqu'entièrement effacé, il était de la congrégation de Saint-Maur, qui avait choisi le mot PAX, *dans une couronne d'épines, sommé d'une fleur de lis et soutenu des trois clous de la passion*, parce que saint Benoît, leur fondateur, appaisa une tentation violente dont il était pressé, en se roulant sur des épines. (N° 1er.)

Le troisième, *d'argent au chevron d'azur à trois lions de gueules, vilenés, dont deux affrontés en chef et un en pointe*, n'est certes pas d'un abbé du xviie siècle, comme on a pu le soupçonner, mais bien de Louis des Haules, abbé de ce lieu, homme d'une éminente piété et d'un zèle ardent pour l'embellissement de la maison de Dieu. Il enrichit son église de sculptures et de vitraux charmants et de beaucoup d'autres ornements. Nommé mandataire en 1499, il mourut en 1524.

A ces détails sur l'abbaye, ajoutons qu'elle contenait une magnifique bibliothèque; mais le vandalisme révolutionnaire ne l'épargna pas. On vit même, après la tourmente, le portier confié à la garde de cette maison, devenue propriété nationale, allumer, chaque matin, son feu avec quelques superbes feuilles *in-folio* des pères grecs et latins, d'histoires générales et particulières, de manuscrits, etc., etc. Quoiqu'une partie de cette bibliothèque ait été détruite, et que plus tard une autre non moins précieuse ait été soustraite, les livres qui restent sont encore en nombre considérable. Mis en ordre, ils feraient honneur à la ville, et seraient d'une grande ressource pour les hommes studieux. Jusques à quand donc les laissera-t-on par monceaux, ensevelis dans la poussière des greniers de l'Hôtel-de-Ville.

On ne sait pas au juste quelles étaient les armoiries de la ville. Nous avons compulsé bien des livres pour les trouver, et nos recherches n'ont eu aucun succès. C'est pourquoi nous nous bornons à dire que, d'un côté, on serait naturellement porté à croire qu'elles devaient être : partie des Montgommery ou des comtes d'Alençon, et partie des comtes d'Evreux ou de l'abbaye de Bernay, puisque Bernay demeura longtemps divisé en *comté* et en *baronnie*, et appartenait partie au baillage d'Alençon et partie à celui d'Evreux.

D'un autre côté, on a prétendu qu'elles étaient d'*azur, au mouton d'argent avec cette devise : le baron de Bernay.*

Si l'on ouvre le trésor héraldique de Segoing, on trouvera, sous le nom de Bernay : « *d'azur au chevron d'or à deux étoiles en chef, un arbre de sinople en pointe.* »

L'armorial de la Bibliothèque Nationale, exécuté en vertu de l'édit du mois de novembre 1696, et souvent indiqué sous le titre de *Manuscrit d'Hozier*, donne pour armoiries de Bernay : *d'azur à un lion d'or, lampassé et armé de gueules.*

Le bulletin de l'Académie ébroïcienne dit qu'en 1791, le blason de Bernay était : « *Un champ de gueules au lion rampant d'argent, couronne de comte,* » ainsi que le constate un sceau maintenant en la possession de M. Auguste Le Prévost. » Le même bulletin ajoute que « ce sont les armes de Montgommery. » En présence de ces diverses autorités, nous laisserons la question pendante. Nous observerons seulement que, si l'on veut que Bernay ait adopté les armes de l'illustre famille des Montgommery, par la raison que Théodoric, abbé de Jumiéges et administrateur de l'abbaye de Bernay, donna la moitié de la ville à Hugues de Montgommery, il est impossible de lui attribuer d'autres armes que celles de Philippe de Montgommery, de Guillaume et de Guy de Montgommery qui, entre autres seigneurs de Normandie, se croisèrent pour la conquête de la Terre-Sainte, et qui portaient : « *d'azur, au lion d'or, armé et lampassé d'argent* [1]. »

[1] Il n'est peut-être pas sans quelque intérêt de rappeler ici une des coutumes de la ville de Bernay. Avait-on reçu une heureuse nouvelle, l'annonce d'une victoire sur l'ennemi ou d'un prince nouveau-né, on faisait chanter un *Te Deum* dans l'église de l'abbaye, et après cette cérémonie, les religieux, le clergé de Sainte-Croix, de la Couture et les autorités de la ville se rendaient dans la cour, aujourd'hui place de l'Hôtel-de-Ville, à un bûcher préparé, et pendant qu'il brûlait en signe de réjouissance, on chantait des prières pour le roi. C'est ce qui arriva, en 1707, pour fêter la naissance du duc d'Aquitaine, et pour célébrer la victoire du maréchal de Berwick, à Almanza, sur la frontière de Valence.

Il reste encore d'anciens vestiges de camps aux environs de Bernay. Ainsi, dans les bois dépendant de Charentonne, à la pointe d'un angle saillant de la plaine, en face du château de Menneval, se trouvent plusieurs enceintes circulaires de peu d'étendue, appelées le Puits-des-Buttes. Sur une bruyère dépendant de la commune de St-Aubin, on voit un retranchement de la même forme, mais plus petit ; on l'appelle la Butte de Rocquemond. A Caorches, entre une pièce de terre labourable et une bruyère sur la ferme de *Bulle*, existent les restes d'une enceinte fortifiée, très-singulière. La portion la mieux caractérisée présente une espèce de triangle fort aigu de soixante-dix mètres de long. Du côté de l'Orient, on reconnaît encore un fossé de six mètres de largeur ; on y remarque aussi un autre retranchement de peu d'étendue, à fossés escarpés, avec des souterrains qui s'étendent assez loin.

Pour terminer et compléter cet aperçu général de l'histoire de Bernay, nous allons réunir ici les noms des hommes célèbres ou distingués par leurs talents, que cette ville ou les environs ont vu naître :

Raoul de Bernay, dont nous avons déjà parlé.

Alexandre de Bernay [1], surnommé de Paris, à

---

[1] La rue de Bernay, où Alexandre vint au monde, conserve aujourd'hui le nom du poëte ; autrefois elle s'appelait la rue de l'*Aistre*. *Atrium*, dont on a fait Aistre, signifie cour, et par extension à la maison, doit être pris pour le lieu où le seigneur tenait sa juridiction, qui

cause du long séjour qu'il fit dans cette dernière ville, naquit vers 1150 ; il se rendit fameux par ses poëmes, qu'il intitula romans, comme tout ce qu'on écrivait alors en langue romane ou vulgaire du xiie siècle. Jeune encore, il commença sa renommée par le poëme d'*Hélène*, mère de saint Martin [1].

Il écrivit *Brison* qu'il avait entrepris par le commandement de Loyse de Créqui-Canaples; puis *Athys* et *Prophilias*, ouvrage traduit ou imité du latin et que l'on trouve parmi les manuscrits de la Bibliothèque Royale. Ce qui contribua à lui faire acquérir le plus de célébrité, ce fut le poëme d'*Alexandre le Grand*, roi de Macédoine; on a cru longtemps qu'Alexandre de Bernay en était le principal auteur, il ne fit qu'achever et reviser ce qu'un clerc de Châteaudun, Lambert-le-Court avait commencé, comme on le voit par les vers suivants du premier chant :

> La verité de l'estoir ci com li roiz la fist
> Un clerc de Chatiaudun, Lambert-li-Cors l'escrit,
> Qui du latin la trêt et en roman la mist......
> Alixandre nos dist que de Bernay fu nez
> Et de Paris resu ses sournoms appelez
> Que cy ot les siens vers o li Lambert mellez......

était à la porte au vestibule, dans la cour même. Au xviiie siècle, c'était à la porte du manoir seigneurial. Ce mot veut dire aussi : *tribunal, forum*. Peut-être la rue de l'Aistre renfermait-elle le tribunal des seigneurs de Bernay ou de Plasnes, car nous avons remarqué qu'en 1760, les seigneurs de Plasnes tenaient encore leur haute justice à l'une des portes de Bernay.

[1] Nous avons entre les mains une traduction assez libre de ce roman, imprimée au xvie siècle.

L'ouvrage n'est qu'une imitation de Quinte-Curce ; il est composé entièrement en vers de douze syllabes, et c'est de là que ces vers ont pris le nom d'*Alexandrins*, du nom du héros macédonien, et non du poëte qui n'était point l'inventeur de ce mètre déjà en usage, en 1140. Il est passablement rimé pour son siècle. *Paris*, in-4° gothique, au xvie siècle ; il en a paru un abrégé sous ce titre : « Histoire du très-noble et très-» vaillant roi Alexandre le Grand, jadis roi et » seigneur de tout le monde, avec les grandes » prouesses qu'il a faites en son temps. » *Paris*, Bonfous, sans date, in-4° gothique.

Bonaventure, Brochard ou Bourchard, cordelier de Bernay, homme d'une science très-profonde, fit en 1533, avec Greffin Arfagard, seigneur de Courteilles, et par l'ordre du chapitre général des religieux de Saint-François, le voyage à Jérusalem et au mont Sinaï, dont il a écrit la relation en latin, sous le titre de : *Descriptio terræ sanctæ*, etc. Elle fut imprimée dans les *Lectiones antiquæ* de Canisius, et on la trouve manuscrite à la Bibliothèque Nationale. Plusieurs auteurs l'ont assez estimée pour en parler avec éloge. L'auteur mourut en 1540.

Jérôme Anselme-le-Michel, auteur d'ouvrages historiques, né en 1579, et décédé en 1644.

Nicolas Levavasseur, né à Bernay en 1593, fut un homme consommé dans la musique théorique et pratique. Après avoir été organiste dans l'église cathédrale de Lisieux, il vint exercer les mêmes fonctions dans l'église de Saint-Pierre de Caen, où il mourut en 1658. On lui doit : 1° la musique des psaumes de David et du cantique des trois jeunes Hébreux dans la fournaise, traduits par Mgr Godeau, évèque de Vence. Cette vaste composition musicale fut le chef-d'œuvre de Levavasseur, comme le cantique avait été celui du prélat ; 2° canons, imprimés à Paris chez Ballard, où l'auteur mit en usage tous les secrets et raffinements de son art ; 3° plusieurs airs imprimés à Caen.

Gabriel Dumoulin, né en cette ville vers 1570 [1], mort en 1660, curé de Menneval. Il s'est fait connaître dans le xviie siècle : 1° par une Histoire générale de la Normandie, sous les ducs, Rouen 1631, in-folio, rare et recherché. Elle s'étend depuis les premières courses des Normands païens, jusqu'à la réunion de cette province à la couronne. On y trouve une liste de seigneurs normands qui allèrent aux croisades, avec leurs armoiries, depuis Guillaume le Conquérant jusqu'à Philippe-Auguste, etc. ; 2° par une Histoire des conquêtes des Normands dans le royaume de Naples et de Sicile, 1658, in-folio, moins estimée que la précédente ; 3° par une Histoire de la Normandie,

---

[1] On trouve quelques années plus tard, dans le registre de la Charité, un Gabriel Dumoulin, clerc de la Charité de la Couture ; il n'est pas impossible que ce fût l'historien.

depuis la réunion de cette province à la couronne de France, malheureusement perdue ; 4° par plusieurs recueils qui devaient contenir sur la province et spécialement sur Bernay des documents précieux, aujourd'hui perdus sans espoir.

Gabriel Bugnot, prieur de Bernay et auteur d'un poëme, mort en 1673.

Guillaume Fouques, né à Bernay en 1651, auteur ascétique, mort à Compiègne en 1702.

Alexandre Pocquet, savant théologien, né à Bernay vers 1655, et mort à Paris en 1734.

François Corbelin, auteur de méthodes de Musique, artiste distingué, mort en 1744.

Hurel, auteur de plusieurs ouvrages de physique et d'astronomie, imprimés en 1763.

Le Roi, curé de la Couture, célèbre philosophe, grand prédicateur, profond théologien.

Goulafre, curé de Sainte-Croix.

Delavache.

De la Voisanderie, juge aussi intègre que chrétien.

Jacques-Philippe Bréant, né à Bernay en 1710, poëte et littérateur distingué, auteur du Poëme de la *Peinture sur verre*, mort à Bernay en 1772.

Hervieu de la Boissière, prêtre, né à Bernay en 1707, laissa différents ouvrages ascétiques dont les principaux sont : Préservatifs contre les faux principes de Mongeron (qui soutenait les faux miracles du diacre Paris); Traité des vrais miracles, 1767 ; Traité de l'esprit prophétique ; Défense du traité des miracles, 1769 ; Contradiction du livre intitulé de la Philosophie de la nature, 1776 ; De la vérité et des devoirs qu'elle nous impose. Il mourut à Paris, au mois d'août 1777.

Mutel de Bougeville, auteur d'un poëme en six chants sur la Conquête de la Sicile par les Normands ; d'un Voyage à Honfleur, assez estimé ; d'un poëme en quatre chants sur l'Éducation ; de plusieurs odes, élégies, etc., mort à Bernay en 1814.

Robert-Thomas Lindet, né à Bernay en 1743, curé de l'église de Sainte-Croix. Ce fut lui qui bénit le nouveau cimetière en 1785. Il fit partie, en 1789, des États-Généraux, comme député du clergé du baillage d'Evreux, et fut nommé évêque constitutionnel de l'Eure en mars 1791, et député de ce département à la Convention nationale en 1792. Il eut le malheur, au mois de septembre de la même année, de se marier publiquement, prenant le ministère d'un prêtre marié lui-même, et fut le premier évêque Français qui donna cet affreux scandale. En 1793, il vota la mort de Louis XVI et resta membre du Conseil des Anciens jusqu'en 1798. En 1816, il fut banni de France, comme régicide, et ne pût revenir qu'au bout de quelque temps, après avoir séjourné en Suisse et en Italie. Il mourut à Bernay au mois d'août 1823, et fut enterré dans la chapelle du cimetière qu'il avait fait bâtir.

Jean-Baptiste-Robert Lindet, frère du précédent, né comme lui à Bernay, fut d'abord avocat, puis juge au tribunal du district de cette ville; élu en 1792 député du département de l'Eure à l'Assemblée constituante, et ensuite à la Convention; l'un des rapporteurs de la commission des *vingt-un* dans le procès de Louis XVI et rédacteur de l'acte d'accusation; régicide, tout en plaignant l'infortuné monarque; représentant du peuple dans les départements de l'Eure, du Calvados et du Finistère, au moment de l'insurrection dite de l'Ouest; l'un des principaux membres du comité de salut public; directeur-général des subsistances à l'époque la plus difficile et la plus périlleuse de la révolution; ministre des finances depuis le mois de juin 1799 jusqu'au mois de septembre de la même année qu'il sortit de cette charge, après l'avoir remplie avec tant de prudence, d'intégrité et de désintéressement, que Bonaparte (qui cependant le négligea toujours, parce que Lindet, constamment fidèle à ses principes de liberté, n'avait participé en rien à l'élévation du vainqueur de l'Europe) disait, dans ses confidences de Sainte-Hélène, *qu'il ne connaissait pas d'homme plus habile, de ministre plus honnête*. Revenu alors à Bernay, Lindet ne prit part désormais à aucun événement politique, partagea ses loisirs entre Rouen et la campagne, ne fut point frappé par la loi contre les régicides en 1816, et mourut à Paris le 17 février 1825, dans un âge avancé[1].

M. Auguste Le Prévost, né à Bernay, ex-sous-préfet de l'arrondissement de Rouen, membre de la Société royale des Antiquaires de France et des mêmes Sociétés de Londres et d'Écosse, directeur de celle de Normandie, membre de l'Académie de Rouen, de la Commission des Antiquités du département de la Seine-Inférieure, de la Société Linnéenne de Normandie, de celles d'Agriculture, Sciences et Arts de Rouen, Evreux, Caen, Bernay, etc. C'est l'un des hommes qui fait honneur au département de l'Eure par ses connaissances et ses travaux scientifiques. Il est l'auteur d'un grand nombre de publications.

[1] Voyez Chroniques de l'Eure, par M. Guilmeth.

SECONDE PARTIE.

Jusqu'ici, nous avons parlé des premiers temps et de l'importance toujours croissante de la ville. Maintenant, nous allons entrer dans tous les détails qui concernent l'église de Notre-Dame de la Couture, objet principal de cette notice.

CHAPITRE PREMIER.

Sommaire.

Antiquité d'une première église de Notre-Dame, d'après Mistral, Desplanches et l'auteur du manuscrit de 1765. — Légende. — Notre opinion. — Chapelles des Dames-de-la-Comté. — De l'hospice. — Des Pénitents. — De Sainte-Gertrude. — De Saint-Michel. — Eglise de Sainte-Croix. — Chapelles des Cordeliers. — De la Madeleine. — Eglise de l'abbaye. — Chapelle de Saint-Germain. — Explication du mot: Notre-Dame de la Couture.

Existait-il, à Bernay, avant la construction de l'église actuelle de la Couture, une autre église ou chapelle de ce nom ? Telle est la question que nous posons dans ce chapitre et que nous ne résoudrons pas affirmativement, malgré les documents qui viennent à l'appui d'une première fondation.

D'abord, il est à ce sujet une tradition qui,

répétée de siècle en siècle et encore de nos jours, a servi comme de base à tout ce que l'on a dit sur l'ancienneté de cette fondation.

Si cette tradition n'était qu'orale, on pourrait y attacher moins d'importance ; mais nous la trouvons consignée dans une petite publication du libraire Mistral (Lisieux, 1787), où on lit : « Selon une tradition fort ancienne, une image
» de la sainte Vierge, trouvée dans un bois pro-
» che Bernay, donna lieu vers la fin du Xe siècle,
» à la construction d'une chapelle qui, dans la
» suite, fut érigée en église paroissiale, appelée
» Notre-Dame de la Couture, du nom de la cam-
» pagne qui y conduit.... L'église actuelle ré-
» parée et décorée par Anne Dauvet, seigneur de
» Bouffey, conserve encore cette ancienne statue
» qui y attire un grand concours de peuples des
» environs [1]. »

Le Bertre, prêtre de la Couture, auteur d'un petit ouvrage intitulé : Abrégé des miracles de Notre-Dame de la Couture de Bernay avec sa merveilleuse édification, *Rouen*, 1667, fait encore mention de cette tradition et en tire plusieurs conséquences. D'abord le pèlerinage célèbre de la Couture et la manière presque miraculeuse dont elle a été préservée du pillage des Huguenots, lui font conjecturer que quelque chose de surnaturel se rattache à cette église. Puis il ajoute :

---

[1] Cette statue a dû être détruite en 1793.

« La deuxième conjecture que je rencontre et
» que tout le monde doit croire pieusement, est
» que ce temple érigé en paroisse, se trouve placé
» au-delà de la ville et du faubourg, dans le pen-
» chant d'une colline au haut de laquelle on ne
» trouve point d'habitants ; on y rencontre qu'un
» bois taillis et des bruyères qui s'étendent fort
» loin ; tandis qu'on pouvait bastir dans la ville et
» tout autour d'icelle en quantité de lieux plus
» commodes aux habitants. Cependant vous le
» voyez basti, dans le coteau qui, selon la tradition
» ancienne, était un haut bois de futaye joignant
» le bois qui est taillis présentement. Partant, il
» a fallu pour y bastir, premièrement, abattre
» ces grands chênes, creuser la colline pour y
» trouver la plate-forme d'une église. Cela n'est-
» il pas tout à fait surprenant, et c'est la conjec-
» ture de la croyance pieuse qu'on peut avoir à
» cette tradition ancienne de tout temps immé-
» morial, qu'une image de la sainte Vierge,
» ayant été trouvée par des bergers qui menaient
» ordinairement leurs troupeaux dans ces her-
» bages, sous ces chênes, furent invités à la re-
» chercher dans un buisson et des broussailles,
» par les indices d'un des moutons de leur trou-
» peau qui allait tout au tour de ces broussailles,
» grattant la terre de ses pieds, comme s'il eût
» voulu leur indiquer quelque trésor qui était
» là caché. Et de fait, ayant défriché le buisson,

» on trouva dans la terre cette belle image qui
» est en haut du grand autel, qui est une image
» de la très-sainte Vierge, d'une belle stature,
» tenant son fils entre ses bras, qui est une des
» belles figures qu'on sçaurait voir. Et ce qui
» doit encore appuyer davantage cette créance
» pieuse qu'on doit avoir à l'ancienne tradition,
» est que la découverte de cette image ayant
» donné lieu de faire ériger une église paroissiale
» pour une partie de la ville et pour quatre ou
» cinq villages qui devaient en dépendre ; on
» voulut faire bastir une église de la très-sainte
» Vierge entre la ville et ces villages là pour
» servir de paroisse aux uns et aux autres, hors
» de la ville au-dessus de la côte, en un carrefour
» qu'on appelle les Croix-Glorians. Pour cet effet,
» on y prépara des matéreaux, on y tailla des
» pierres, on disposa du bois et autres choses
» nécessaires pour l'édifice. Mais voici que tout
» ce que l'on faisait le long des jours se trouvait,
» le lendemain matin, transporté au même lieu
» où avait été trouvé premièrement ladite image.
» Ce qu'ayant veu par l'expérience de plusieurs
» jours, que tel était le bon vouloir de Dieu
» qu'elle fût bastie là et de la sainte Vierge qui
» voulait être honorée au lieu où on avait trouvé
» son image ; il fallut abattre les chênes, creuser
» la coste et trouver la plate-forme *d'une église*
» *telle qu'on la voit encore aujourd'hui.* Voilà la

» tradition ancienne et la voix commune de tout
» le monde qu'on peut croire pieusement fondée
» sur telles conjectures que vous les concevrez.
» Au carrefour, où ladite église devait être bastie,
» on y fit planter deux grandes croix de pierre
» de taille, fort belles, pour marquer par ce
» nombre de deux quelque chose de mystérieux,
» veu qu'ordinairement dans les places publiques
» on n'y plante qu'une croix, desquelles néan-
» moins, depuis quelques années, on en trans-
» porta une et la plus belle dans le cimetière de
» ladite église de Notre-Dame, y étant plus né-
» cessaire qu'au lieu où elle était, la postérité ne
» laissant pas toujours de se souvenir de ce mys-
» tère [1]. »

Outre ces documents favorables à l'antiquité de l'église qui nous occupe, nous pouvons en donner d'autres qui tendent à prouver qu'il ne faut pas voir, en ce temple, une simple chapelle, mais une église paroissiale et l'unique de l'ancien Bernay.

On sait que, d'après la loi salique, les époux apportaient une dot à leur épouse; par là ils étaient censés les acheter, et celles-ci devenaient propriétaires absolues de ces biens. C'est en vertu

[1] C'est peut-être en mémoire de cette tradition qu'avant la révolution de 1793 les jeunes gens de Bernay avaient le droit d'aller le jour de Sainte-Magdeleine choisir un mouton dans le troupeau de la ferme de la Magdeleine. Ils le promenaient, conduit par le berger, trois fois autour de la ville, et ensuite en faisaient un repas pour terminer joyeusement la fête.

de cet usage que Judith de Bretagne reçut en mariage cent dix-sept villages et cinquante-trois églises, avec leurs revenus, leurs droits et leurs dépendances. Elle voulut, à l'exemple de Richard son époux, bâtir un monastère à Bernay. « Mais, » dit l'auteur du manuscrit de 1765, la princesse » mourut à Bernay avant la fin de l'ouvrage, et son » corps est inhumé dans l'abbaye. Mais comme » l'ouvrage n'était pas fini lors de sa mort, la » tradition nous apprend qu'il fut déposé dans » l'église paroissiale de Bernay, et l'on y voit encore, proche la porte collatérale du chœur, au » côté gauche, une statue de pierre qui repré» sente, à genoux et les mains jointes, une prin» cesse avec l'hermine de Bretagne [1]. Bernay » avait donc son unique et très-ancienne paroisse » sous l'invocation de la sainte Vierge. »

Jean Desplanches, vicaire de la Couture, dans les divers renseignements qu'il nous a laissés, est du même avis que l'auteur de ce manuscrit : 1° Dans une note qu'il rédigea sur le registre de catholicité pour servir de documents à l'histoire de la paroisse, il nous dit : « Il n'est pas étonnant » qu'on trouve peu de choses, car sans accuser » les laps de temps, les guerres civiles ont fait » périr une infinité de monuments anciens. Si » l'on consulte la raison, on n'a pas de peine à » se décider sur l'antiquité de la Couture. Pre-

---

[1] Cette statue a disparu avec la grande révolution.

» mièrement, la fondation de l'abbaye de Bernay
» au commencement du xie siècle parle en sa fa-
» veur; car Bernay qui n'était pas ville alors,
» mais qui était un lieu habité, et que le prince
» (Richard) donna aux religieux de Saint-Benoît,
» avec ses foires et marchés qui se tiennent dans
» ce lieu, avait au moins une église où les
» fidèles s'assemblaient pour le service de la reli-
» gion. Toute la province était bien catholique :
» il fallait donc que cette église fut celle de la
» Couture; la conséquence est toute naturelle. Ce
» ne pouvait être celle de l'abbaye, qu'on ne fai-
» sait que bâtir; ce ne pouvait être celle de Sainte-
» Croix, sur laquelle l'abbaye a le droit de cure
» primitif...

» Mais, s'il restait quelque doute sur ce dernier
» chef, appelons encore la raison : ou les deux
» églises sont plus anciennes que l'abbaye, ou au
» moins une. Il paraîtrait naturel de penser que
» la plus ancienne est celle sur laquelle l'abbaye
» n'a aucun droit que celui de patronage. D'ail-
» leurs, ou les deux églises ont été bâties en même
» temps, ou l'une est avant l'autre. Si elles sont
» de même date, elles ont dû partager également
» le lieu de Bernay. Le partage est cependant
» très-inégal : la Couture possède toute la cam-
» pagne de Bernay; elle s'étend derrière le Mont-
» Milon, et de l'autre côté contre la côte de Saint-
» Aubin; il ne reste que le petit espace d'entre ces

» deux coteaux pour former la paroisse de Sainte-
» Croix. La Couture prend encore la portion de
» la ville depuis la porte des *Champs* jusqu'au
» moulin nommé de l'Etang, et de là elle tire une
» ligne diagonale qui passe dans le jardin des reli-
» gieuses de Saint-François, à cause de l'acquisi-
» tion de la maison qui fut au nommé Vauve-
» hard, et va droit à la fontaine de la Roussière,
» et enveloppe ainsi toutes les maisons jusqu'à la
» porte de Lisieux. Il faut encore remarquer que
» le terrain qui s'appelle les *Champs de la Cou-
» ture*, était autrefois couvert de maisons, ce qui
» composait le lieu de Bernay avec le grand bourg.
» Deuxièmement, la portion de la ville qui est
» sur cette paroisse ne s'appelle le Grand-Bourg
» et n'en a retenu le nom que parce que, lorsque
» l'abbaye fut bâtie, on construisit quelques mai-
» sons dans le voisinage, ce qui forma un petit
» bourg, et par suite des temps cette partie se
» peupla, et du tout on fit une ville. »

2° Dans ses réponses *aux questions adressées* par l'ordre de l'évêque de Lisieux, vers 1739 ou 1740, *aux curés de son diocèse, pour la confection d'un pouillé général des bénéfices du royaume*, le sieur Desplanches répète ces mêmes raisonnements ; mais, de plus, il ajoute : « Qu'un doc-
» teur de la Sorbonne s'étant appliqué à une liste
» des anciens temples dédiés à la sainte Vierge,
» mettait celui-ci (Notre-Dame de la Couture) au

» rang des plus anciens; que cette paroisse se
» trouve toujours la première du doyenné de
» Bernay dans tous les pouillés où elles ont été
» rangées suivant leur antiquité ; que l'abbaye ne
» fait pas difficulté de reconnaître que cette église
» est avant elle, et que, on croit même que le
» terrain qui est sous le grand autel a été le lieu
» où fut déposé le corps de la princesse qui
» mourut à Bernay avant que l'abbaye fut ache-
» vée, et cela en attendant qu'elle dut être trans-
» portée dans ladite église où son corps repose ;
» que c'est son image qu'on voit à genoux au
» côté gauche du grand autel..... Ainsi, conclut
» Desplanches, la Couture était donc l'église
» paroissiale de l'ancien Bernay. »

Tels sont les plus importants documents qui militent en faveur d'une première fondation. Ils sont clairs et directs, et nous serions tentés d'en conclure l'existence incontestable d'une chapelle et même d'une église paroissiale de la Couture dans le xe siècle. Mais comme les faits d'où cette conséquence est déduite, ne nous paraissent pas absolument certains, nous n'osons pas admettre qu'une autre église ait existé sur l'emplacement de l'église de la Couture. Nous préférons laisser au lecteur à juger de la valeur de toutes ces citations et du degré de confiance qu'il doit leur accorder. Quelques développements feront connaître notre pensée.

D'un côté, nous ignorons à quelle source les passages précités ont été puisés. Il semble même que nous aurions dû rencontrer dans nos recherches quelque fait *avéré qui justifiât la date du x⁰ siècle, assignée à l'église de la Couture, ou la déposition des restes mortels de Judith dans l'église paroissiale, c'est-à-dire la Couture;* et nous n'avons trouvé aucun fait de ce genre. On ne considèrera pas comme fait avéré ce qu'avance une *note manuscrite* tombée entre nos mains, et d'après laquelle un évêque du Mans, au xi⁰ siècle, aurait été enterré dans le cimetière de la Couture. Evidemment, celui qui l'a rédigé, a confondu le monastère du Mans, qu'on appelait la Couture, avec l'église de la Couture de Bernay.

On ne donnera pas plus de confiance à ce qu'on lit dans le petit ouvrage de Le Bertre et dans les notes de Desplanches que, « suivant une croyance » du pays, le caveau construit sous le chœur de » l'église fut creusé par Judith, pour être le lieu » *de sa sépulture et celle de sa famille.* » C'est sans doute une de ces traditions fausses, et, outre que l'histoire place la sépulture ducale à Fécamp, et qu'il n'est pas impossible que les restes mortels de Richard aient été rapportés à Bernay, le caveau est trop étroit pour avoir jamais servi à cet usage. Il est plus probable que ce caveau a été creusé pour perpétuer le souvenir de l'endroit où fut trouvée par le berger la statue de Notre-Dame.

D'ailleurs, Gabriel Dumoulin, Orderic Vital et d'autres écrivains, rapportent que le corps de la princesse fut déposé dans l'abbaye. Ce qui explique la présence d'un ancien monument très-riche en sculpture, où Judith et son époux furent représentés de grandeur naturelle. Ce tombeau ayant été ruiné dans les guerres civiles de Bernay, un cartulaire de l'abbaye nous a conservé les vers qu'on y lisait, et où il n'est pas plus question de la Couture que dans les auteurs cités plus haut.

Voici l'épitaphe :

> Normaniæ gentis clarus dux ecce Richardus
> Voce secundus adest, relligionis amans.
> Filius iste Richardi magni vota resolvit
> Uxoris hoc Judith condere Cœnobium :
> Judith migrans tunc totum celebrata per orbem
> Ipsam quam cernis condidit ecclesiam
> Inclita Britanni proles ducis esse probatur.

La sous-préfecture conserve une ancienne pierre tumulaire qui recouvrit le tombeau de Judith. Et l'inscription, non plus que la précédente, ne fait aucune mention d'une première déposition à la Couture. Du reste, cette pierre est empreinte de caractères qui trahissent une époque récente. Elle dut être placée lors de la reconstruction de l'abbaye, en 1628. Pour satisfaire la curiosité du lecteur, nous allons donner cette épitaphe avec son orthographe, indice du XVIIe siècle. Elle n'était pas entière ; nous l'avons complétée, et nous croyons en avoir rétabli le véritable sens : *Judith*

Conan Britanniæ ducis filia, Richardy secundy ducis Normanorum conjux, abbatiæ de Bernajo alma fundatrix beata fine quiescit. Hìc sepulta est anno millesimo décimo septimo. Illius mémoriæ obitus agitur decimo septimo junii quo de vivis exempta est. C'est-à-dire Judith, fille de Conan, duc de Bretagne, épouse de Richard second, duc de Normandie, pieuse fondatrice de l'abbaye de Bernay, repose en paix. Ici, ses restes ont été déposés l'an mil dix-sept. On célèbre à sa mémoire un service le 17 juin, jour auquel elle a été enlevée des vivants.

Enfin, il est une tradition d'après laquelle un ermite aurait eu, vers le xie siècle, une chapelle aux environs de l'église de la Couture ; *de sorte que celle-ci pourrait avoir été élevée dans la suite sur son emplacement.* Nous admettons volontiers l'existence de cette chapelle, dès cette époque, mais non la position qu'on lui donne. Elle était rejetée bien au-delà de la Couture, vers les *Dix-Vannes*. Il se forma dans cette solitude un hameau qui reçut le nom d'Hermitage, et qui, aujourd'hui, n'existe plus. C'est là qu'en 1596, lors de la peste, les frères de la Charité se retirèrent pour faire leur banquet de l'année. Au résumé, les passages de Mistral, de Desplanches et de l'auteur du manuscrit de 1765 ne nous paraissent pas décisifs. Peut-être pourrait-on les soupçonner de partialité, avec d'autant plus de fondement que ces écrivains avaient intérêt à affranchir cette église de toute dépendance de l'abbaye.

D'un autre côté, nous attachons beaucoup de créance à la relation de Le Bertre, parce que c'est le document le plus ancien où la légende, qui donne l'origine de la Couture, est consignée, et parce que, malgré le merveilleux qu'elle contient, elle touche à des faits historiquement certains et arrivés dans la comté.

1° D'après la relation : « La découverte d'une » image de la sainte Vierge donna lieu de faire » ériger une église paroissiale pour une partie de » la ville et pour quatre ou cinq villages qui » devaient en dépendre. » Or, ces villages ne peuvent être que 1° le hameau du Malharquier ; 2° le hameau du Bosc-le-Comte, qui faisait partie du territoire des comtes d'Alençon ; 3° le Bourg-le-Comte, qui paraît avoir pris son nom du chemin qu'on nommait *le Comte*, pour le distinguer du grand chemin d'Orbec à Rouen, qui passait auprès, et qu'on désignait sous le nom de *Chemin du roi ;* 4° le hameau de la Pilette, à qui Roger de la Pullaye (*de Pulleta*), prêtre de Saint-Martin-du-Tilleul, en 1262, aurait donné son nom. Du moins, dit M. Le Prévost, dans son Histoire de Saint-Martin : « La Pilette, près le Sap, a-t-elle » été appelée quelquefois *Pulleta*, et pourrait-il » en être de même de la Pilette appartenant au » territoire de Bernay. » Du reste, on trouve, dès

1382, un nommé Guillaume de la Pilette. Ce furent les Talvas qui étendirent la Pilette jusqu'au hameau des Trois-Cheminées, inclusivement, qu'il détachèrent de la paroisse du Tilleul. 5° Le hameau des Chesnets, qu'on écrivait la *Chesnaye* (Kesnoie) au xiii° siècle, et les Chenais en 1553. Les comtes d'Alençon en dépossédèrent les religieux, étendirent leur mouvance jusqu'au grand chemin d'Orbec à Rouen, et y firent entrer la totalité du populeux hameau des Chesnets, faisant corps avec le village de Saint-Martin, situé à quelques pas seulement de son église. Toutes ces importantes populations, qu'on détachait de leurs propres paroisses et qu'on incorporait ainsi à la comté, ne pouvaient rester sans une église paroissiale. De là, la nécessité de construire l'église de la Couture « pour une partie de la ville » et pour quatre ou cinq villages qui devaient en » dépendre. » Mais comme une partie de ces incorporations ou plutôt de ces usurpations ne s'accomplirent qu'aux environs du xiv° siècle, on ne peut fixer la fondation de cette église antérieurement à cette époque.

2° C'est qu'on voulut bâtir une église paroissiale « *entre la ville et les quatre ou cinq villages* » qui devaient en dépendre, et qu'on choisit pour l'emplacement le carrefour des *Croix-Glorians*. On voit donc que les villages que nous avons indiqués sont bien ceux des Chesnets, de la Pilette, du Malharquier, du Bourg-le-Comte, puisqu'ils se trouvent à l'opposite de la ville dont le carrefour des Croix-Glorians, aujourd'hui le haut de la côte de l'hospice, les sépare.

3° Le terrain sur lequel on devait bâtir l'église paraissait définitivement choisi; on prépara les matériaux, on tailla les pierres, on disposa du bois; mais, ajoute la relation, « tout ce que
» l'on faisait le long des jours se trouvait le len-
» main transporté au même lieu où avaient été
» trouvée premièrement ladite image de la sainte
» Vierge; ce qu'ayant vu par l'expérience de plu-
» sieurs jours.... etc. » Or, il nous semble évident que ce furent ces nouveaux paroissiens qui, voyant d'un mauvais œil qu'ils auraient désormais à parcourir une si grande distance pour arriver à la nouvelle église que l'on projetait, firent tous leurs efforts pour qu'on se désistât de la construire où elle est aujourd'hui. Leur réclamation ayant été vaine, dans leur exaspération, ils profitèrent des ténèbres de la nuit pour s'emparer des matériaux, et les rapportèrent à l'endroit même qu'on avait d'abord choisi. C'est la manière la plus plausible d'expliquer le fait, et nous en concluons qu'on ne posa les premiers fondements de l'église de la Couture qu'au XIVe siècle, époque de la réunion totale des villages à la comté.

4° « Au carrefour, où ladite église devait être

» bâtie, on y fit planter deux grandes croix de
» pierre de taille...... » Une de ces croix a été
transportée dans le cimetière de la Couture, et
détruite depuis 1793 ; mais l'autre est encore
debout. Et, quoique fort mutilée, elle atteste
encore, selon nous, par les caractères particuliers
d'une inscription qu'on y remarque, par le style
ogival de sa base, un travail qui ne paraît pas
avoir été fait avant le XIVe siècle.

Nous avons, ce nous semble, poussé assez loin
cet examen, et, sauf une meilleure interprétation,
voici le jugement que nous avons porté. La vénération des anciens peuples pour la fontaine, connue depuis sous le nom de la fontaine de Saint-
Germain, fut transformée, par les premiers apôtres, en un sentiment tout chrétien. Une chapelle
fut élevée [1], faisant corps avec cette fontaine, et
ne devint pas l'objet d'un moindre culte. Cette
chapelle dut être abandonnée par suite des débor-
dements de la Charentonne, autrefois si considérable et si fréquents [2] ; d'ailleurs, elle n'offrait pas
une enceinte assez étendue pour servir d'église
paroissiale aux nombreux habitants de la ville et
de la campagne ; de là, la nécessité dans les premières années du XIVe siècle, de jeter les fonde-

---

[1] Nous en parlons plus loin.

[2] Ces eaux gênèrent aussi bien souvent l'église des Bénédictins, car les terrains qui l'entourent ont été relevés, et l'on a remarqué jusqu'à trois pavés dans la nef.

ments d'un temple plus vaste appelé, dès lors, Notre-Dame de la Couture.

Nous croyons qu'on eut des motifs puissants pour ne pas l'éloigner de la vieille chapelle de Saint-Germain, et qu'on choisit un terrain dans un endroit plus rapproché du versant de la colline, comme pour le mettre à l'abri des inondations. Telle est notre opinion sur l'origine et la date de la Couture. D'après nous, elle serait antérieure :

1° Aux chapelles des Dames-de-la-Comté et de l'hospice, dont nous avons fait connaître les dates presque récentes ;

2° A la chapelle des Pénitents, bâtie, seulement, en 1490, au faubourg de la Porte-de-Rouen. Les religieux après avoir adopté la réforme du tiers-ordre en 1650, la quittèrent en 1655 de l'autorité d'Anne d'Autriche et de Louis XIV, pour se transporter à la rue Marie [1], sur un terrain bornant la petite rue du Cimetière ;

3° A la chapelle de Sainte-Gertrude. Comme le pouillé de Lisieux, rédigé au XVIe siècle, nous fait connaître qu'elle était une des chapelles comprises dans l'étendue de la paroisse de la Couture, *capella in parochiâ de Culturâ Bernaii*, et que celui du XIVe siècle n'en parle pas, il est à croire que sa fondation doit être placée vers la fin du XIVe siècle

---

[1] La maison de Mme veuve Dumont a été construite sur les fondements de ce couvent détruit en 1793.

ou vers le commencement du xve [1]. Car, si cette chapelle avait pour patronne sainte Gertrude, abbesse de l'ordre de Saint-Benoît, comme il est plus probable, elle ne pût être bâtie qu'un certain nombre d'années après 1334, époque de la mort de cette sainte. Ce qui est certain, c'est qu'elle était construite dans la ville, sur le ruisseau du Cosnier, et on y accédait par une rue [2] qui portait son nom et qui coupait la rue d'Alençon et la rue du Collége, autrefois de la Poterie [3].

4° A la chapelle de Saint-Michel. Elle était située, autrefois sur la côte, au nord-est, appelé le Mont-Millon. Ses ruines qui datent du xviiie siècle, viennent de disparaître entièrement dans les derniers travaux pour l'embellissement des monts. Elle n'est citée par aucun pouillé; cependant nous savons qu'elle était un titre, et par la suite ses revenus furent incorporés à l'abbaye. D'après sa position, son peu d'importance et les renseignements que nous avons pris, nous pensons qu'elle ne remonte pas au-delà de deux ou trois cents ans.

5° A l'église actuelle de Sainte-Croix qui, par

---

[1] Les pouillés étaient dans l'origine des registres d'actes publics ou privés ; plus tard, on désigna ainsi des titres de propriétés, de redevances, de service de toute nature. Enfin ils devinrent ce qu'ils sont restés jusqu'à la grande révolution, les inventaires de bénéfices ecclésiastiques, séculiers et réguliers avec le nom du patron et le chiffre des revenus.

[2] Cette rue n'existe plus, il en reste seulement un petit couloir.

[3] On l'avait appelée ainsi, à cause des marchands ou fabricants de poterie qui s'y étaient établis.

sa situation et le rang qu'elle tient aujourd'hui, semblerait être plus ancienne; mais au fond, ce ne fut qu'en 1374, qu'on en jeta les fondements sur un nouvel emplacement. Les Bénédictins désolés de la destruction de l'ancienne église de Sainte-Croix dont ils étaient seigneurs et patrons, mais refusant de la rebâtir de nouveau à leurs frais, par la raison qu'ils n'avaient nullement contribué à sa ruine, firent avec les habitants de Sainte-Croix, favorablement disposés à cette construction, un accord ou transaction en 1372. Une des parties contractantes, nous voulons dire les paroissiens de Sainte-Croix, s'engagèrent à construire une église à leurs frais et à l'entretenir comme leur église paroissiale, et à employer le reste du terrain, concédé par le nommé Belot Taillefer, de Bernay, à un nouveau cimetière [1], à fournir à cette église tout ce qui serait nécessaire pour l'office divin; comme aussi ils devaient avoir la faculté de donner à l'église tout ce que bon leur semblerait : calice, ornements, statues, etc., sans qu'on pût leur réclamer aucuns droits comme auparavant, et avoir deux petites cloches, pesant chacune cent livres, pour sonner les heures de la paroisse, et les pots, placés pour les soutenir, ne devaient pas dépasser la couverture de huit pieds. L'autre partie contractante,

[1] C'était celui que l'on voyait il y a quelques années près de l'Équerre.

c'est-à-dire les religieux, s'engagea à fournir cinquante beaux arbres et le bois nécessaire pour la cuisson de la chaux qu'exigerait la nouvelle construction, à abondonner tout droit touchant leur seigneurie, leur juridiction temporelle et les rentes annuelles que faisait Belot pour ce terrain cédé. Mais les religieux conservèrent le droit de patrons, et par conséquent celui de prendre les émoluments, oblation, droit, selon leur coutume dans l'ancienne église. Telle fut la célèbre transaction de 1372, dont les religieux se servirent tant de fois dans les procès de l'abbaye contre le clergé de Sainte-Croix. Les formalités, dont on dut la revêtir, ne permirent pas de commencer les travaux avant 1374. On fit donc une nouvelle église, mais pas telle que nous la voyons présentement; car, environ cent ans plus tard, en 1497, le 27 décembre les trésoriers et les paroissiens de Sainte-Croix voyant que leur église était devenue trop petite pour contenir les paroissiens et le peuple qui la fréquentait les dimanches et fêtes, résolurent de l'agrandir; pour l'exécution de ce projet, ils devaient avoir le consentement de l'abbaye, parce que la ruelle Taillefer et la partie des places donnée par les héritiers de Jean Malleville et d'Hostellin, dépendaient de la baronnie et étaient sujettes envers elle en plusieurs rentes et bienfaisances. Ils présentèrent donc une requête à l'abbé et aux religieux de Bernay, seigneurs de la

Ste Croix.

baronnie de cette ville, et obtinrent l'autorisation nécessaire moyennant 25 livres tournois, qu'ils payèrent pour achat et amortissement de rentes et bienfaisances seigneuriales apportées par lesdites ruelles et places. Et en vertu de cet accord, l'église de Sainte-Croix fut considérablement augmentée. La rue Taillefer fut enveloppée dans les travaux du côté droit; on la remplaça de l'autre côté par la ruelle appelée Sainte-Croix, afin de donner communication avec la rue de l'Aistre (aujourd'hui la rue Alexandre) et la Grande-Rue.

A la place du clocher mesquin qu'on avait fait en vertu de l'accord de 1372, on construisit une tour solide et de belle architecture; c'est celle que nous voyons aujourd'hui. On y établit cinq cloches, dont la plus grosse pesait 2,500 kilos. Cette tour supporta une flèche haute de 16 à 17 toises, recouverte de plomb, avec des fleurons, des fleurs de lis et d'hermines, et surmontée d'une croix faite avec cinq grosses barres de fer, qu'on disait être du poids de 600 kilos. Mais le 3 juillet 1687, sur les cinq à six heures du soir, au moment du salut, ce bel édifice, qui passait pour le plus hardi et un des plus élégants de France, fut malheureusement abattu par un fort ouragan, et entraîna dans sa chute la ruine de la nef. Sous ces débris épouvantables, onze personnes, dont plusieurs de qualité, trouvèrent la mort[1]; sept autres furent

[1] Le registre de catholicité, à la date du 4 juillet, nous apprend

grièvement blessées. Encore une fois, les paroissiens de Sainte-Croix, comme en 1357, furent reçus dans l'église de l'abbaye, qui leur tint lieu d'église paroissiale pendant sept ans. Les habitants réclamèrent auprès du roi la remise de leur taille pour employer la somme à la réparation nécessaire de leur église. L'intendant d'Alençon employa son influence et le crédit de ses amis pour faire réussir cette demande au conseil et en obtint un arrêt favorable. Le roi accorda deux années de leur taille montant à 27,000 livres, somme qu'on répartit après l'arrêt sur tous les privilégiés et bien-tenants de la paroisse Sainte-Croix, ainsi que sur tous les contribuables aux tailles des deux paroisses, et les travaux commencèrent. Quoique les religieux eussent refusé de contribuer en rien aux dépenses qu'ils nécessitèrent, ils conservèrent néanmoins leurs droits comme patrons. Dès cette époque, la paroisse de Sainte-Croix chercha plusieurs fois à se soustraire aux exigences des Bénédictins. Le clergé refusa de céder certains droits à la prééminence dans le service divin, car tel était le principe de la contestation ; mais ils ne réussirent pas. Les religieux n'eurent qu'à montrer

que les victimes furent : Jean Gueroul, avocat; Pierre Desprez ; Firmin de Lamare ; Magdeleine Le Vilain ; Marguerite Lieuvin, fille de Robert ; Marguerite Groscol, fille de Jacques ; la femme de Christophe Duthuit ; l'enfant qu'elle portait dans son sein et celui qui était auprès d'elle ; la femme de Pierre Sirard ; Jeanne Noël ; enfin Mlle de Fontenelle et Mlle du Ruyer, dont les inhumations eurent lieu hors de la paroisse.

Ancien Clocher de S.te Croix.

leur charte, puis leurs actes et transactions de 1372, 1374, 1497, 1507, 1593, 1597, 1630, 1659, pour conserver le droit de curés primitifs. Le parlement de Normandie reconnut dans son arrêt de 1721 ce droit, jugé conforme au conseil de 1738, et l'église de Sainte-Croix fut déclarée *vicairie perpétuelle*. Autrefois, cette église possédait un jubé qui séparait le chœur de la nef; il fut détruit en 1740 par le curé, d'après l'avis des fabriciens. Sur les stalles où ce jubé reposait, on plaça un grillage de fer. Située *intra muros*, Sainte-Croix avait l'avantage d'être l'église où se faisaient les assemblées générales et les cérémonies publiques, les calendes, les missions, la distribution des saintes huiles à toutes les paroisses et communautés de la ville et du doyenné, les offices funèbres à la mort des princes, les stations de l'Avent et du Carême, le son des cloches pour les réjouissances publiques, ouverture de foire, retraite des soldats, etc. En 1724, on refit une nouvelle porte d'entrée, et on l'orna de quatre colonnes incrustées dans la muraille et couronnée d'un tympan qui supporte la statue de sainte Hélène tenant en main la croix de J.-C. Cette porte, d'un style grec assez régulier, est cependant, quoiqu'en dise certain écrivain, d'un très-mauvais effet au portail d'une église gothique. Le magnifique autel qu'on voit aujourd'hui est le même qui était autrefois à l'abbaye du Bec. Ce fut un moine de ce couvent,

Guillaume-de-la-Tremblaye, qui en donna le dessein et qui le fit exécuter en 1684 et 1685. (Ces renseignements ont été puisés dans les transactions elles-mêmes et dans les registres de la catholicité de la paroisse.

Mais si Notre-Dame de la Couture l'emporte en antiquité sur toutes ces églises, elle doit céder cet avantage :

1° A l'ancienne église Sainte-Croix, il ne reste plus aucun vestige de ses ruines. Une tradition porte qu'elle avait été construite aux environs de la maison et du jardin de M. Lalonde, marchand d'ornements d'église, Grande-Rue. Il nous paraîtrait plus juste d'en indiquer la position auprès du cimetière abandonné en 1785, aujourd'hui l'Equerre; car il est certain que le terrain qui servait de sépulture avant 1374, et le nouveau cimetière de 1374 se touchaient; et dès-lors il est à présumer d'après l'usage chrétien, que l'église devait en occuper le centre ou du moins l'un des côtés ; par là on s'explique bien mieux comment trop près du fort de l'abbaye, elle fut détruite pendant le siége de Bernay, en 1357. Les religieux prétendirent l'avoir fait bâtir d'après la transaction de 1372; les habitants qui avoisinaient le couvent, n'ayant point d'église, acquirent par *lettres* et *titres* les droits d'être admis dans la chapelle Saint-Benoît [1], et ce fut dans un temps

---

[1] Une des chapelles des Bénédictins.

postérieur que les religieux leur en firent construire une à leur frais, sauf à prélever un denier par chaque feu pour l'entretien de la couverture, des vitres et tout ce qui était nécessaire au culte divin. Ils y mirent un vicaire pour la desservir, la maintinrent et l'administrèrent selon leurs droits de seigneurs et de patrons sous le nom de Sainte-Croix [1], nous ignorons le temps où elle fut bâtie. Elle était église paroissiale dès 1281; c'est cette même église qui, trop voisine du fort de l'abbaye, fut détruite durant le siége de Bernay, en 1357.

2° A l'église de l'Hôtel-Dieu, élevée par le bienfait de saint Louis, en 1250.

3° A la chapelle des Cordeliers. Les religieux établis à Bernay, en 1279, la firent construire sur un terrain fourni par Hugues Maubert, leur premier fondateur. Nous citerons un passage de l'acte de cette fondation, approuvée dans des lettres-patentes de Philippe le Hardi. « *Quod situm est* » *inter manarium dictorum fratrum minorum ex* » *und parte et manarium Joannis portarii.... ex* » *alterá.... usque ad viam, per quam itur ad mo-* » *lendinum Volquier pro retro in parochiá Sanctæ* » *Crucis de Bernayo. Actum anno Domini* 1281 » *mense julio, testibus Hugone Maubert*, etc... »

4° A la chapelle de la Magdeleine attenante à

---

[1] Extrait d'une pièce rapportée dans le factum contre l'abbaye : nous la donnons presque en entier à la fin de cette notice.

la léproserie, ou du moins qui en était voisine. Elle fut fondée comme presque toutes les maladreries, du temps des croisades, et elle était située hors de la ville dans le creux du vallon de l'Ouest. La visite de l'archevêque de Rouen, Eudes Rigault, nous fait seulement connaître que l'abbaye donnait l'aumône aux lépreux le mardi de chaque semaine. Devenue avec le temps un titre sous le nom de prieuré dont le roi était seigneur, elle fut, par arrêt du conseil d'Etat privé de Louis XIV, en date du 24 janvier 1698, et lettres-patentes du mois de mars suivant, réunie avec tous ses biens et revenus, et ceux de la léproserie à l'hospice de Bernay nouvellement établi; depuis un certain nombre d'années, il n'en reste plus aucun vestige ainsi que de la léproserie.

5° A l'église des Bénédictins. Ce fut en 1013 qu'elle dut être commencée avec l'abbaye. Elle est, selon le savant M. Auguste Le Prévost, « la » digne contemporaine de celle de Jumiéges; elle » est, avec celle de Fécamp qui date du règne » de Richard Ier, le plus vieil édifice de l'époque » romane que possède la Normandie. »

6° A la chapelle Saint-Germain. Elle avait 36 mètres de long sur 14 de large. Dès 1740, Desplanches, vicaire de la Couture, ne pouvait plus trouver la date de sa fondation, ni celle de ses ruines, ni son seigneur, ni son revenu. Il n'en est parlé, ni dans le registre de la charité de la

Couture, ni dans aucun des pouillés annotés par M. Le Prévost. Les fondations encore visibles sont d'une maçonnerie excessivement dure; et ce qui est digne de remarque, c'est qu'une fontaine, maçonnée en pierre de taille et faisant corps avec le chœur, faisait, il y a quelques années, jaillir à gros bouillons une eau abondante et très-saine ; M. Canel, dans son essai historique de l'arrondissement de Pont-Audemer, nous dit que « le culte des
» fontaines est antérieur à la religion chrétienne.
» C'est un legs que lui a laissé le druidisme. Le
» Clergé, ne pouvant détruire cette vénération
» héréditaire, prit parti de la détourner à son
» profit, en provoquant l'érection de chapelles
» auprès de ces lieux, d'antiques pèlerinages, et
» la vertu des fontaines fut transmise aux saints,
» sous l'invocation desquels on plaça les nouveaux
» temples. L'esprit d'imitation et des circons-
» tances particulières ajoutèrent aux traditions
» païennes; mais en général, partout où il y a
» des fontaines consacrées, on peut croire que la
» vénération qui s'y rattache a pris naissance bien
» avant notre ère. » Cette réflexion sur le culte des fontaines nous paraît fort juste, et nous pensons qu'elle pourrait, en grande partie, s'appliquer à la chapelle de Saint-Germain. Le bois venait jusqu'à son emplacement, et le nom seul de son patron est un signe de sa haute antiquité; car, les chapelles ou églises érigées sous l'invoca-

tion de Saint-Germain, évêque d'Auxerre, mort en 448, ou de Saint-Germain, évêque de Paris, mort en 576, datent presque toutes d'une époque antérieure au xe siècle. Nous sommes donc portés à croire que l'époque de sa fondation remonte aux premiers siècles qui suivirent la mort de l'un de ces glorieux patrons, et, quand même l'église de la Couture daterait de la fin du xe siècle, on pourrait encore, à bon droit, regarder cette chapelle comme beaucoup plus ancienne que cette dernière église. Quoiqu'en dise Desplanches, ajoutons encore que Notre-Dame bâtie sur la Comté, sur un terrain, par conséquent, qui appartenait aux comtes d'Alençon, fut toujours dans une certaine dépendance de l'abbaye. Le pouillé de Lisieux de 1340 à 1360 nous apprend que l'abbé de Bernay en était le présentateur, et le montant de la taxe était porté à 70 livres. Par acte du 5 mars 1628, nous voyons que Jacques de Malleville, curé de la Couture, renonça à toutes prérogatives en faveur de l'abbé, seigneur et patron de cette paroisse, et promit de faire toutes les soumissions « *que luy et ses prédécesseurs ont de tout temps* » *faites.* » Deux ans plus tard, Nicolas le Vilain, curé de la Couture et ancien religieux de l'abbaye, reconnut de même dans la transaction de 1630 que les Bénédictins étaient curés primitifs. Nous lisons dans le *factum* de l'abbaye contre la paroisse de Sainte-Croix, que « la division de Bernay en

» baronnie et en comté n'a jamais porté préjudice
» aux droits seigneuriaux et honoraires des abbés;
» que nuls seigneurs, ni Sa Majesté, à leurs droits
» n'ayant jamais prétendu, ni possédé aucune pré-
» rogative dans les églises de Sainte-Croix et de
» la Couture. » Sans doute, les religieux, dans plus d'une circonstance, donnèrent trop d'extension à ce qu'ils appelaient leurs droits. De là, tant de réclamations. Ainsi, relativement à la Couture, les religieux y envoyèrent un prédicateur, pour le jour de l'Assomption 1705; mais il ne fut pas reçu. Les fabriciens, réunis le 13 septembre suivant, déclarèrent au conseil que « M. Le Roi,
» alors curé, n'avait rien fait que d'à propos et
» qu'il avait bien fait de prêcher et d'empêcher
» tout autre de prêcher, et lui donnèrent adjonc-
» tion pour le défendre des demandes portées
» par les religieux....... Ils déclarèrent, en
» outre, que si les religieux prétendaient se servir
» des transactions dont ils avaient donné copie,
» ils se rendraient partie formelle pour les faire
» déclarer nulles. » Les religieux renouvelèrent une semblable tentative à l'occasion d'un Jubilé. Cette fois encore ils échouèrent, un acte en date du 13 avril 1707 ayant été rédigé et envoyé de la part de Léonore, évêque et comte de Lisieux, pour dessaisir les Bénédictins du prétendu droit d'envoyer un religieux prêcher à la Couture [1].

[1] Registres de la catholicité de la Couture.

Ces exemples montrent trop bien dans les religieux un esprit d'empiètement, mais sont loin de prouver qu'ils n'eussent pas sur la Couture des droits d'un autre genre.

Nous indiquerons, en terminant ce chapitre, à quelles causes l'église de Notre-Dame de la Couture doit son nom. On sait que le culte de la sainte Vierge, prit beaucoup d'extension dans l'Occident, pendant le xe et le xie siècle. De là, un grand nombre d'églises érigées sous le nom de Notre-Dame. A Bernay, deux églises furent placées sous cette invocation. L'une, nous voulons dire l'église des Bénédictins, s'appelle Notre-Dame de l'abbaye de Bernay (*Beata Maria de Bernayo*), et l'autre, qu'on éleva plus tard, hors de la ville, sur des terres mises en culture, prit le nom du lieu où elle fut érigée, c'est-à-dire Notre-Dame de la Couture. Il serait difficile d'expliquer autrement cette dénomination. Les publications annuelles de Mistral (almanach 1787), nous disent également qu'elle fut appelée ainsi, « du nom de la campagne qui y conduit, » et l'abbé Le Bertre, parlant du sujet qui nous occupe, revient à la même solution, quoiqu'il prenne l'église telle qu'elle se trouvait au xviie siècle, avec sa situation et ses alentours. Elle porte ce nom, nous dit-il, « de ce qu'elle est bâtie au bout d'un champ, » hors les murailles de la ville, qui est comme » une cousture de terre labourable, qui appar-

» tient aux habitants, d'où ils tirent un très-
» grand fruit, à cause de la fertilité du lieu. » On
a dit en latin : *Beata Maria de Culturâ Bernaii*,
ou simplement : *Ecclesia de Culturâ Bernaii*. Ce
que l'on a traduit en français, au xive siècle, par
Notre-Dame de la Coulture; au xviie siècle, par
Notre-Dame de la Cousture, et aux xviiie et
xixe siècles, Notre-Dame de la Couture.

CHAPITRE DEUXIÈME.

Sommaire.

L'église de la Couture a-t-elle toujours été aussi éloignée que maintenant des maisons de la ville? — Fausses limites attribuées à l'ancien bourg. — Faubourg Deschamps.

En voyant l'église de la Couture rejetée si loin de la ville, on est porté naturellement à se demander pourquoi elle a été construite à une si grande distance des populations auxquelles elle est destinée. Nous qui, comme bien d'autres, avons fait cette réflexion, nous essaierons de jeter quelque lumière sur cette difficulté.

Si nous en croyons Desplanches et l'auteur du manuscrit de 1765, l'éloignement de l'église de la Couture aurait eu pour cause des changements considérables survenus dans la position de Bernay. L'étendue du bourg, au xie siècle, aurait embrassé le vaste terrain des Champs de la Couture, aujourd'hui inhabité, et n'aurait pas dépassé, du côté nord-est, la ligne de démarcation de l'ancienne Comté, ou autrement le Grand-Bourg. « Il » faut remarquer, dit le premier, dans un passage » déjà cité, que le terrain qui s'appelle les Champs » de la Couture était autrefois couvert de mai-» sons ; ce qui composait le lieu de Bernay avec

» le Grand-Bourg ; et encore la portion de la
» ville qui est sur cette paroisse ne s'appelle
» Grand-Bourg, et n'en a retenu le nom, que
» parce que, lorsque l'abbaye fut bâtie, on cons-
» truisit quelques maisons dans le voisinage ; ce
» qui forma un petit bourg, et par suite du temps
» cette partie se peupla et du tout on fit une ville. »
Suivant le second, encore plus explicite : « C'est
» un fait appuyé sur une tradition constante et
» immémoriale, que Bernay dans ces temps an-
» ciens n'occupait qu'une partie de l'emplace-
» ment qu'il occupe aujourd'hui. Cet ancien
» bourg s'étendait et comprenait la partie de la
» ville que nous appelons encore aujourd'hui le
» Grand-Bourg jusqu'à son église, et occupait
» tout entier le champ qui sépare maintenant la
» ville du faubourg de la rue Marie ; en sorte qu'il
» avait devant soi, à l'est, la prairie et la rivière,
» dite des Champs ; à l'ouest, le côté dit le Cours ;
» au nord, le ruisseau de Cogney et son étang [1] ;
» et au sud, son unique église sous l'invocation
» de la sainte Vierge. » Ainsi, d'après ces auteurs,
Bernay aurait tellement perdu du côté sud-ouest
et gagné du côté nord-est, que sa position aurait
presque totalement changé. C'est là une opinion
qui nous semble bien hasardée ; nous ne pouvons
l'admettre.

[1] Il n'y a pas un siècle, cet étang fort ancien existait encore, et faisait tourner les roues d'une forge assez considérable.

On pourrait, nous le savons, trouver ailleurs des exemples d'un pareil déplacement. Il n'est pas rare de voir des places divisées en haute et basse ville, en nouvelle et vieille ville. Mais quoique, sous les gouvernements des ducs de Normandie, pendant les règnes de Jean, de Charles V, Charles VI, Charles VII, Charles IX, Henri III et Henri IV, Bernay ait été plusieurs fois saccagé et couvert de ruines, il n'est point résulté de ces désastres un changement de position pour la ville; et l'emplacement qu'elle occupe aujourd'hui est, à quelque chose près, le même qu'elle occupait autrefois. Par conséquent, il faut donner au côté nord-est des limites plus étendues, et à la partie qui regardait la Couture des bornes plus restreintes que celles qui leur sont assignées par Desplanches et l'auteur de l'autre manuscrit.

1° Ce qu'avancent ces écrivains relativement à l'ancien Bourg, ne va à rien moins qu'à nier l'existence de toute la partie de la ville qui forme la paroisse de Sainte-Croix; mais l'existence de cette partie de Bernay, au XIe siècle, nous est attestée par un acte authentique conservé dans l'histoire. Il porte que Théodoric, abbé de Jumiéges et administrateur de l'abbaye de Bernay, « donna la » moitié du Bourg (*medietatem burgi*) au père de » Roger de Montgommery, son parent, pour four- » nir à sa dépense quand il viendrait à Bernay ». Dès-lors, on ne peut se dispenser d'ajouter à cette moitié cédée aux Montgommery, et conservée par leurs successeurs, les comtes d'Alençon, une autre moitié qui resta dans la dépendance de l'abbaye et qui forma la baronnie des religieux. Ce fait à lui seul décide déjà la question.

Nous l'avons dit, les bornes de cette partie *nord-est* de la ville n'étaient pas absolument les mêmes que celles d'aujourd'hui : des constructions importantes et entre autres celle de l'abbaye les étendirent de ce côté. Cet établissement attira des habitants dans son voisinage, non-seulement par l'hospitalité généreuse qu'il offrait aux riches, aux pauvres, aux pèlerins, aux gentilshommes, mais encore par la puissante protection que présentait sa forteresse, protection tellement recherchée au moyen âge que, d'après l'histoire de cette époque, beaucoup de villes, de bourgs et d'agglomérations de maisons n'ont point eu d'autre origine. L'église de Sainte-Croix, bâtie dans ce quartier, a dû aussi contribuer pour sa part à l'extension que prit ce bourg, surtout quand on considère 1° sa position avantageuse sur le bord des voies de grande communication de Séez à Rouen et de Lisieux à Evreux qui traversaient ce bourg si ancien ; 2° le commerce qui, exploité en grande partie par les Juifs, se porta de son côté, et s'y développa à tel point que la rue prit leur nom. Elle a porté depuis celui de la rue du Commerce, et c'est aujourd'hui la Grande-Rue ; 3° la proximité des monts Saint-Michel qui mettaient de ce côté les nouvelles constructions à couvert des attaques des vagabonds ou des ennemis. Bernay a pu devoir son accroissement à ces diverses causes ; mais le fait historique, touchant sa division en comté et en baronnie, ne laisse aucun doute sur l'existence de cette partie de la ville, antérieurement à la fondation de l'abbaye. Lorsque Desplanches avance que la partie de la ville, dépendante de la Couture ou autrement la Comté, ne s'appela Grand-Bourg et n'en a retenu le nom que par opposition au petit bourg qui se serait formé auprès de l'abbaye, il n'apporte aucune preuve à l'appui de son opinion ; il nous semble plus vraisemblable que ce nom fut donné par les habitants à la Comté pour ne pas la confondre avec le hameau si voisin le Bourg-le-Comte qui dépendait, comme elle, des comtes d'Alençon.

2° Les limites de Bernay, du côté de la Couture, étaient aussi beaucoup plus restreintes que ne le disent ces auteurs. Certains documents, assez anciens et très-authentiques, ont consacré aux terrains qui séparent l'église de la ville, le nom agricole de Champ ou de Couture. C'est celui qu'ils portent encore aujourd'hui. Mais ce n'est pas à Bernay seulement qu'on remarque des lieux de ce nom. On peut citer encore, dans le diocèse, la Couture des paroisses de Cintray, de la Magdeleine-de-Nonancourt, de Saint-Pierre-de-Bailleul, de Saint-Sylvestre-de-Cormeilles, de la Croix-Saint-Leufroy, des Bottereaux, de Louversey; et, ailleurs, la Couture au Mans, la Couture auprès de Lyon, la Couture de Sainte-Catherine à Paris, la Couture de Saint-Gervais, du Temple, de Saint-Martin, de Saint-Eloi, de Saint-Lazare, de Saint-Magloire, de l'Evêque, etc., etc.; or, d'après les auteurs, Couture, en ce sens, vient de *Costura* ou de *Cultura*, en français Couture ou Culture qui s'est dit pour des terrains autrefois incultes, et dans la suite défrichés, mis en labour, en culture. Il nous est donc difficile de croire qu'autrefois ces terrains ont été couverts de maisons et ont formé avec le Grand-Bourg le lieu de Bernay. Ce serait une contradiction avec le nom que l'histoire et la tradition lui donnent.

L'auteur du manuscrit de 1765, cite en faveur de son opinion, une tradition constante et immémoriale; rien de mieux; mais, où a-t-il vu cette tradition? Dans quels écrits a-t-il remarqué qu'elle était *constante, immémoriale?* Lui seul en fait mention. Comment, Le Bertre, qui a enregistré tant d'autres traditions de la Couture, a-t-il passé celle-là sous silence? Son ouvrage se publiait, cependant, cent ans auparavant, et par conséquent, à une époque où cette tradition devait être plus répandue et mieux connue.

Ajoutons que, non-seulement, Le Bertre se tait au sujet de cette tradition; mais, qu'il appuye même ces diverses conjectures, sur une autre tradition du pays, tout à fait en opposition avec celle du manuscrit. Certes, si cette dernière *tradition constante* et *immémoriale* eut existé, il ne serait point mis en contradiction manifeste avec l'opinion publique. Ecoutons-le : « La Couture » fut construite *hors de la ville*..... et, selon une » tradition ancienne, dans des herbages, sous » des chênes..... Elle a été bâtie sur un coteau » qui, selon la tradition, était un haut bois de » futaie..... Il fallut pour y bâtir, abattre les » grands chênes..... On aurait pu bâtir cette » église *dans la ville et tout autour d'icelle*, en » quantités de lieux plus commodes. » C'est donc un nouveau démenti donné au manuscrit de 1765. Et, par conséquent, le terrain de la Couture est loin d'avoir fait partie intégrante de l'ancien Bourg.

Des recherches sur les fortifications de la ville, pouvaient jeter beaucoup de jour sur cette question, et nous n'avons rien trouvé de favorable à l'opinion de ces écrivains. Au contraire, nous avons découvert d'une manière indubitable que ces fortifications, les premières comme les dernières, n'ont jamais dépassé, du côté de la Couture, les limites actuelles de la ville. Au xive siècle, époque où commencent les guerres et les dévastations à Bernay, les retranchements n'allaient pas de ce côté, au delà des promenades. Nous voyons Charles II, roi de Navarre, élever une tour et creuser des fossés de chaque côté, pour en défendre l'approche, et choisir à cette fin, le couvent des Cordeliers, qu'il fit raser de fond en comble. Or, l'emplacement de ce couvent, borde précisément les promenades et se trouve situé sur le chemin qui conduit directement à l'église de la Couture par la rue Marie. Au xvie siècle la ville était close « *de vers l'église de la Couture, d'un grand fossé* » de 25 à 30 pieds *et long et après du couvent des* » *Cordeliers* et suyvamment de l'abbaye, etc... » Dans la restauration ou renouvellement des fortifications en 1578, la ligne de ces fortifications était la même. Pour s'en convaincre, il suffit de remarquer que, dans la suite, les travaux ayant été démolis et les fossés comblés, une partie de ce terrain, devenu inutile, fut concédée au sieur Bréant; et nous voyons encore, aujourd'hui, cette même propriété borner les promenades et le nouveau marché aux chevaux... Pourquoi ces retranchements, pourquoi cette tour, ces remparts si près de la ville, sinon parce que le terrain appelé les Champs ou la Couture, n'était point couvert de maisons et ne formait point le « lieu de Bernay avec le Grand-Bourg. » Ces écrivains, il est vrai, ne parlent que du xie siècle; mais alors le terrain en question était couvert de maisons : une cause quelconque les a fait disparaître. Qu'elle est-elle ? Pourquoi ne la trouvons-nous pas ? Or, entre les xie et xive siècles, point de cause violente, point de guerre, point de troubles civils ; et depuis ce temps, les limites du côté de la Couture n'ont jamais embrassé les Champs ou la Couture. De là, nous concluons qu'il faut rejeter ce que disent ces auteurs sur les limites de l'ancien Bernay, et quand on tomberait d'accord avec eux, sur l'origine de la Couture, on n'expliquerait pas encore la grande distance qui sépare de la ville l'église de Notre-Dame.

Est-ce à dire qu'au delà de ces remparts (sud-ouest), il n'y avait pas autrefois d'habitations ; le contraire est bien établi. Trois rues traversaient les *champs*. La rue Marie qui commence au bout oriental de la rue d'Alençon et conduit à la porte du cimetière de la Couture. La rue d'En-Haut qui commence au bout occidental de la rue d'Alençon, passe devant le portail de l'église. La rue Taillefer [1] qui prend au milieu de la même rue d'Alençon et conduisait à l'ancienne porte collatérale de l'église, avant d'être détournée. Pour lors, ce nom de rue, donné à des chemins si près de la ville, porte à croire que les rues ne s'appelaient ainsi, que parce qu'elles étaient bordées au moins de quelques constructions.

[1] Cette rue, depuis longtemps en état de ruelle, a été élargie il y a deux ans, et il faut espérer que, dans peu d'années, elle rejoindra, comme autrefois, l'église de la Couture.

Dès le xiv⁰ siècle, la Couture, église paroissiale d'une partie du bourg et des nombreuses populations des Chenets, du Malharquier, de la Pillette, etc., obligea, lors des premiers remparts du côté de cette église, de conserver une sortie ou porte pour y accéder. Mais en dehors de cette porte, il se forma, ainsi qu'il arrive à l'entrée des villes fortifiées, une certaine agglomération de maisons, et peut-être même existant déjà, elle ne fit que s'accroître.

Nous avons dit comment ce faubourg, situé sur le bord de la rue Marie, et qui reçut le nom de *Faubourg des Champs*, fut livré aux flammes pendant la guerre de 1590. Le lecteur se rappelle la mère du capitaine Valages, cette femme qui, dans son exaltation et sa fureur, fit réduire elle-même en cendres toutes les maisons, jusqu'à la dernière.

Ajoutons deux autres faits, toutefois moins importants. Lors de l'établissement des Pénitents auprès de la Couture, le changement de direction de la rue Taillefer, qu'on fit retomber dans la rue d'En-Haut, nécessita la démolition de plusieurs maisons. Plus tard, un incendie terrible dévora d'autres habitations. Le 2 juillet 1740, une femme mit le feu à sa demeure, située vis-à-vis des marches du cimetière ; cet incendie, favorisé par l'état de l'atmosphère, se communiqua avec une si grande violence aux maisons voisines des deux côtés de la rue Marie, occupées en partie par le clergé de la Couture, qu'une heure suffit pour détruire dix-huit bâtiments. La chambrette où se réunissent les frères de charité éprouva un notable dommage, ainsi que le monastère des Pénitents, qui était devenu le centre de l'incendie. L'existence de ce faubourg et des quelques maisons sur le terrain de la Couture est un fait indubitable; cependant il n'explique point en définitive pourquoi on construisit, si loin des maisons de la ville, une église paroissiale, la seule destinée à la comté et aux populations de la campagne qui lui furent réunies.

Où donc devons-nous trouver une explication satisfaisante de cet éloignement? Si l'on s'en tient à l'opinion très-incertaine que la Couture, dans l'origine, n'était qu'une chapelle, son isolement n'aura rien qui surprenne. Elle eut cela de commun avec les chapelles de Saint-Michel, de Saint-Germain, de la Madeleine, situées hors de la ville. Mais du moment qu'elle a été rebâtie sur le vaste plan d'aujourd'hui, et est devenue église paroissiale, la difficulté reparaît. Comment ne pas, en effet, choisir un emplacement plus voisin de la ville? C'est pourquoi, suivant l'opinion plus probable qui fait remonter l'origine de l'église de la Couture au XIVe siècle et qui l'érige de suite en église paroissiale, nous donnerons, comme solution de cette difficulté, le miracle qui, suivant l'ancienne et constante tradition, aurait donné lieu à l'érection d'une église dans l'endroit même où la statue de la Vierge aurait été trouvée. Il est des traditions populaires dont il est bon de tenir compte; car, bien que mêlées de circonstances fabuleuses, elles renferment dans leur récit merveilleux certains renseignements qu'on chercherait vainement ailleurs.

Si cependant ce point de la légende paraissait lui-même devoir être révoqué en doute, notre conviction alors serait qu'à l'époque de la nouvelle circonscription de la paroisse, quelques personnes voulurent faire élever l'église de la Couture sur la côte de l'hospice, lieu plus rapproché de leurs habitations, et que le vœu général ou des influences plus puissantes s'y opposèrent, et ne permirent pas de la construire loin de l'antique chapelle de Saint-Germain, devenue dans ces circonstances ou trop petite ou trop souvent gênée par le débordement des eaux, mais n'en conservant pas moins toute la vénération des peuples.

CHAPITRE TROISIÈME.

Sommaire.

Epoque à laquelle on doit faire remonter la construction actuelle de Notre-Dame de la Couture. — Une de ses parties est plus ancienne que l'autre. — Chapelle de la Vierge.

Nous allons maintenant donner quelques détails sur la construction actuelle de cette église; nous ferons pour elle ce que font les antiquaires à l'égard des monuments; nous en indiquerons l'époque approximative en faisant ressortir les principaux détails du genre d'architecture qui la caractérisent dans ses parties les plus essentielles.

Bien que tous les mémoires et archives concernant l'histoire de cette église aient été perdus par négligence ou détruits par les guerres des huguenots, l'archéologie, qui a ses règles fixes et certaines, nous fait connaître que l'église actuelle de la Couture est d'une construction plus récente que ce qui nous reste de l'ancienne église de l'abbaye du portail de Serquigny, de l'église de Broglie, etc., élevée aux environs dans le XIe siècle. Qu'elle est même postérieure à l'église de Menneval[1], bâtie vers le commencement du XIIIe siècle. En vain y chercherait-on du style romano-byzantin de la

---

[1] Ce mot Mennevale nous paraît être dérivé de *Manerium vallis*, manoir de la vallée. Autrefois on écrivait Maneval et Manneval.

Notre-Dame de la Couture.

première [1] et de la seconde époque [2]. Nous n'y remarquons ni de moyen ni de grand appareil; point de colonnes courtes, massives, isolées comme elles sont à cette époque, ou bien réunies en groupes, à demi-engagées sur les piliers pour en dissimuler la grosseur; point de chapiteaux couverts de reliefs représentant soit des scènes tirées de la Bible ou de la Vie des Saints, soit des monstres, des griffons, des serpents enlacés, des chimères, des corbeilles de fleurs; point d'arcades en plein cintre, de corniches dont la saillie soit soutenue par des corbeaux ou modillons de toute espèce; point de têtes d'animaux fantastiques ou d'hommes, de feuilles, de fruits, de volutes, etc.; point de fenêtres entourées d'archivoltes, avec leurs moulures du temps, ou des colonnes ou pilastres qui les supportent. Aucune figure caractéristique de l'époque, aucun chevron brisé ou opposé, aucun losange enchaîné, aucun torse coupé, aucun cable, aucune torsade; en un mot, rien de ces ornements que l'on jetait avec assez de profusion sur les murailles intérieures et extérieures des églises romano-byzantines.

Cette église est donc postérieure, et cependant aucun indice ne vient démontrer le style de la troisième époque [3]. Bien plus, tout examen qui tendrait à vouloir y reconnaître la première épo-

---

[1] Depuis l'an de J.-C. 400 jusqu'à 1000.
[2]   —   1000 — 1100.
[3]   —   1100 — 1200.

que du style ogival, dit primitif ou à lancettes [1], demeurerait sans le moindre résultat.

Nous pensons donc que ce n'est qu'à la seconde époque du style ogival, dit rayonnant [2], qu'on doit la placer. C'est alors qu'une nouvelle construction a été commencée après une destruction totale de l'ancienne église ou chapelle, si jamais on peut dire qu'elle ait existé.

En avançant que ce monument religieux remonte au xiv° siècle, nous n'entendons parler que de l'ensemble; car évidemment un œil exercé trouvera que les travaux furent interrompus et repris après un assez long intervalle [3]. Ainsi la majeure partie, c'est-à-dire celle qui comprend le portail et la tour inclusivement, jusqu'aux chapelles Saint-Louis et de Notre-Dame de Santé inclusivement, appartient au xiv° siècle. A cette époque, les fenêtres deviennent plus amples, moins élancées que dans le siècle précédent. Vers l'an 1400, les compartiments des fenêtres ne renferment plus de quatre feuilles, et sans avoir pris la forme prismatique, ils représentent déjà des flammes renversées ou droites; des chapiteaux étaient encore conservés au-dessus des piliers, et c'est ce qu'on remarque dans toute cette partie.

Après ces données que nous offre l'archéologie,

[1] Depuis 1200 jusqu'à 1300.
[2] — 1300 — 1400.
[3] Durant cet intervalle, le chœur de la Couture était comme celui de Sainte-Croix. On n'en pouvait faire le tour.

nous avons un acte qui fixe encore avec plus de précision la partie du siècle dont il s'agit. Cet acte authentique et mentionné dans les notes de Desplanches, en 1740, place la fondation de l'église vers 1340. Voici ce que nous y lisons :
« Toutes les chapelles ne sont pas de la même
» antiquité que celle de la paroisse; celle du Ro-
» saire et les deux autres sur la pointe du chœur
» sont de fraîche date. Les autres sont plus an-
» ciennes ; celle de Sainte-Anne a 400 ans. On en
» possède à la fabrique l'acte original passé entre
» l'abbaye et la paroisse. » Par conséquent, la construction de cette chapelle a dû entraîner celle de la partie des murailles de même architecture, et il suit que la fondation de la majeure partie de cette église est du xive siècle.

D'ailleurs, ceux qui auraient comme nous la pensée que Notre-Dame, avant la construction que nous voyons aujourd'hui, n'existait ni comme église, ni comme chapelle, devront certainement reconnaître que cette construction a eu lieu vers le milieu du xive siècle; car le plus ancien des pouillés de Lisieux, rédigé entre 1340 et 1360, nous apprend que la Couture était déjà une église paroissiale : *Ecclesia de Culturá Bernaii* et le montant de la taxe était de 70 livres.

Enfin, veut-on admettre qu'elle ait été une simple chapelle jusqu'au xve siècle, et qu'alors seulement on érigea ce magnifique temple pour en faire une église paroissiale. Mais la confrérie de la Charité possède encore sa charte de 1398, signée par Guillaume d'Estouteville, évêque de Lisieux ; et ainsi, pourquoi établir une charité si bien entretenue, avec un règlement si complet, dans laquelle les plus riches de la ville et les plus éminents en dignité aimaient à *prendre un service*, là où son but essentiel ne pouvait être atteint ? Il convient donc de fixer l'époque de cette construction au xive siècle, avant l'installation des membres de cette confrérie, chargés de rendre aux habitants de la paroisse les derniers devoirs de la sépulture.

Quant à la partie moins considérable, se composant de toutes les autres chapelles, moins celle de la Sainte-Vierge, elle est du xvie siècle. On remarque que les fenêtres ont subi une grande modification et ne ressemblent plus à celles de la partie dont nous venons de parler. Elles sont plus écrasées ; le tympan qui a pris de l'étendue n'est plus composé de boudins, mais de lignes ondulées et prismatiques avec des flammes droites ou renversées, perdant de leur grâce et de leur élégance primitive, signe frappant de la décadence du style ogival. Les arceaux qui servent comme de charpente à la voûte sont formés de très-fortes nervures et se partagent en branches nombreuses partant du haut des piliers et venant se réunir à la clef, après avoir suivi les contours de l'arcade.

A chaque point d'intersection sont appliquées de petites clefs s'allongeant en cul-de-lampes ou pendentifs. Les grosses ou véritables clefs d'un volume beaucoup plus considérable, offrent à l'œil nu des ciselures sans nombre, très-rares et d'une belle perfection, tels sont les caractères distinctifs de l'architecture de cette époque.

Reste la chapelle de la Sainte-Vierge. La date de sa construction, ou du moins de son achèvement[1], ne va pas au delà des temps de la renaissance. Cela résulte évidemment de son architecture. Ses vitres avec leurs dessins pauvres et mesquins, les fenêtres mises, il est vrai, en plein cintre comme au XIe siècle, mais aussi avec des nervures prismatiques du flamboyant et avec des bases aux colonnettes comme au XVe siècle. Les lettres initiales de N.-D. placées dans le tympan de la fenêtre condamnée, la corniche extérieure avec ses modillons et ses chétives gargouilles, sa voûte intérieure construite en ogive, mais avec des nervures plates, tout enfin dénote que les beaux siècles du style ogival avaient alors disparu. Ce jugement, fondé sur les données de l'archéologie, est parfaitement d'accord avec ce que nous a conservé l'abbé Le Bertre. Cet auteur, qui donne bien peu de détails sur cette église, nous fait connaître, comme par hasard, que la chapelle du

---

[1] Nous ajoutons de son achèvement, parce que nous pensons que le bas des murailles a été commencé avec les autres chapelles.

Rosaire (ou de la Vierge) fut achevée en l'an 1602.

Ainsi donc, on peut conclure en général que Notre-Dame de la Couture est contemporaine du xive et du xvie siècle. A notre croyance, les travaux durent se faire avec une extrême lenteur, et l'on peut remarquer en effet l'irrégularité des murailles, le changement de plan dans les transepts, l'époque des verrines placées dans les bas côtés, les cisclures des fenêtres, aussi des bas côtés et de la grande nef.

CHAPITRE QUATRIÈME.

Sommaire.

Description de cette église. — Coup-d'œil de son intérieur. — Son portail. — Sa tour. — Le tonnerre endommage le clocher. — Sa longueur et largeur. — Son chœur. — Son ancien autel et son ancienne contre-table. — Ses chapelles. — Origine du nom de Saint-Paty. — Verrières et tableaux. — Quelques-uns de ses bienfaiteurs.

Pour bâtir sur la pente assez rapide du cimetière de l'église de Notre-Dame de la Couture, on a été obligé de creuser, d'un côté, à quatre ou cinq mètres de profondeur, pour mettre le pavé de niveau. Par suite de ce travail, en s'avançant en face du portail, on croit s'approcher d'un magnifique cripte. Rien n'est beau comme d'apercevoir du haut de quinze marches, descendant à l'intérieur, tout l'ensemble de cette église. On est frappé d'un sentiment de religieuse vénération, à la vue de la richesse et de l'élégance qui la décorent. Mais il nous faut entrer dans quelques détails.

Si l'on commence par l'examen du portail, on sera satisfait de son encadrement, de ses pinacles, parfaitement sculptés et disposés tout au tour, pour y supporter des statues. La porte est richement ciselée, le tympan gracieusement formé de flammes ardentes réunies, symbole de feu sacré, qui doit embraser nos cœurs, à l'approche du saint temple de Dieu. Il est à regretter que la croisée de dessus, autrefois ornée de vitraux gothiques, ait été détruite en 1725.

A droite du portail est la tour carrée sans ornements et dont le sommet couronné d'une assise de pierre blanche, indique une réparation, exécutée en l'an 1615. Elle renfermait, vers cette même époque, quatre cloches, dont la plus remarquable pesait 3,200 kilog. [1] Lourde et massive, elle rachète ce défaut par l'élégance de son clocher et des clochetons qui la surmontent [2]. Comme la flèche de Sainte-Croix, le clocher de la Couture a éprouvé les effets de la foudre. Le 14 août 1733, à la sortie de vêpres, sur les quatre heures du soir, le tonnerre tomba dessus, le détruisit presqu'entièrement ; puis alla frapper l'orgue où il causa de grands ravages et brisa en dernier lieu une des marches en grès.

[1] Cette cloche n'a point été refondue. Elle a été nommée en 1658, par M. Feydeau, abbé et baron de Bernay dès l'an 1634, conseiller du roi au Parlement de Paris ; et par Louise-Marie Dauvet. Elle fut bénite par M. Le Cercillier, curé de la Couture ; les trésoriers Pierre Aubeffy, conseiller du roi, vicomte de Montreuil, Le Hure, Roche, etc. La seconde cloche, refondue en 1820 ou 1821, datait de 1534 et pesait 2,000 kilogrammes. Aujourd'hui, elle pèse 2,500 kilogrammes. La troisième est du poids de 1,250 kilogrammes.

[2] Selon l'abbé Le Bertre : « La tour semble avoir été bâtie dans la » chapelle Saint-Sauveur ; on y trouve encore ses fondements et autres. » On voit aussi en haut, dans la muraille, quelques huis qu'on a do- » puis ce temps-là refermés et rebâtis en pierre. » Quant à nous, nous serions portés à croire que les fondements, les huis, n'ont été abandonnés que pour suivre un autre plan de construction, lequel élargit les transepts nord et sud.

On se plaît à voir la vaste étendue de l'intérieur de Notre-Dame de la Couture, divisée en trois nefs [1] : la plus grande, parfaitement éclairée et soutenue par treize piliers ronds, d'une légèreté hardie, joints ensemble par des arcades de grande proportion, à nervures très-gracieuses ; les deux autres petites nefs, éclairées par des vitraux peints, se prolongent et vont se réunir derrière le chœur.

Le chœur est d'un coup d'œil agréable. Rien ne manque à son élégance. Il ouvre de trois côtés, renferme soixante-quatre stalles, dont dix-huit furent placées en 1820, aux frais de la Charité [2]. Ces stalles sont toutes de bois de chêne sculpté,

---

[1] Cet intérieur a 62 mètres de long sur 22 de large.

[2] La confrérie de la Charité de Notre-Dame a précédé de deux ans celle de Sainte-Croix, et sa fondation remonte au 10 juillet 1398. « Quelques fidèles, dit Guillaume, évêque de Lisieux, conduits par » leur piété, ont établi, disposé, ordonné dans l'église de Notre-Dame » de la Couture de Bernay une confrérie ou Charité en l'honneur de la » Sainte-Trinité et de la glorieuse mère de N. S. J. C. Ils ont fait plu- » sieurs constitutions, nous suppliant de bien vouloir les louer, approu- » ver et ordonner qu'elles seraient un jour conservées par les frères de » ladite confrérie. » D'après le premier règlement, on payait 6 deniers en entrant dans cette société, et 15 autres à chacune des fêtes patro- nales, qui étaient celles de l'Assomption et de la Trinité. La Charité de la Couture a toujours tenu à accomplir son service, même dans les circonstances les plus difficiles. En 1417, les Anglais, maîtres, pour un temps, de la ville de Bernay, en troublèrent le libre exercice ; mais, plutôt que de cesser ses fonctions, la confrérie se retira à Verneuil où elle se maintint dans l'observation de son règlement, depuis le qua- trième jour d'août jusqu'à la Toussaint suivante. On se rappelle le dévoûment de la Charité de la Couture à l'époque des deux pestes. Nous ajouterons qu'en 1596, à l'Assomption, les frères n'en firent pas moins leur réunion, malgré la peste et ses terribles ravages ; mais, par prudence, ils se retirèrent dans une maison du village de l'Hermitage. « L'an 1590, dit leur registre, ce royaume (de France) était presque » renversé par la guerre civile. Les frères de ce lieu n'ont point pour » cela quitté le service de Dieu, non que le souvenir de la perte reçue » en juin 1589, qui fut par la venue du duc de Montpensier, n'en » débauchât quelques-uns, ni quand le duc revint en juillet, l'an d'a-

disposées sur un double rang, et entourées d'une grille de fer à lances dorées.

Le sanctuaire, bien que réparé d'après le style de la renaissance, vers 1750, n'offre pas trop de disparité avec le reste de l'ornementation de l'église. Six piliers plus rapprochés à mesure qu'ils s'éloignent pour prolonger la perspective, en déterminent l'enceinte; sur la façade des uns on voit des médaillons entourés de guirlandes de fleurs; sur la façade des autres apparaissent des trophées sacrés; le tout, en relief et couvert de dorures. Comme ornement du chapiteau, il y a des têtes d'ange environnées de nuages. Au-dessus de l'arcade du milieu, se trouve une belle et grande gloire formée de rayons lumineux, d'anges et de nuages qui entourent la statue de la sainte Vierge, patronne de cette paroisse. De ce point où se portent naturellement les regards, partent deux guirlandes de feuilles vertes qui s'éloignent des deux côtés du sanctuaire; quatre urnes placées de distance en distance les supportent.

» près. » Ce ne fut qu'en 1792 que la Charité dut interrompre son service, à cause de la loi qui supprimait les fabriques et les confréries. Les temps étant devenus meilleurs, d'anciens frères et autres personnes se vouèrent au rétablissement de la Charité; il eut lieu le 26 mai 1796, époque à laquelle la prohibition légale n'existait plus. Elle a toujours continué depuis; encore maintenant, elle conserve sa charte, son cachet, et enfin son livre, où l'on trouve beaucoup de noms de personnages distingués. Ce registre serait, avec celui de Sainte-Croix, d'un puissant secours pour les recherches des familles. La pieuse société fit souvent des donations pour l'ornement de l'église. Le lieu de ses réunions appelé Chambrette, situé sur le bord du cimetière, date de fort loin. On trouve qu'elle fut réparée en 1591; c'est la même qui fut endommagée par l'incendie de 1740.

L'autel est simple, mais convenable. Il produit un bon effet à cause de son tabernacle et de ses magnifiques candélabres dorés. Il est loin cependant d'égaler l'ancien autel de style gothique.

La hauteur de sa contre-table était de 7 mètres sur 9 de largeur. Des patriarches étaient représentés sur les six pilastres de cette contre-table. Plusieurs traits empruntés à l'Ancien Testament, couvraient le reste de la boiserie. On y voyait le *Puits d'eau vive*, *la Cité de Dieu*, *le Temple de Jérusalem*, *la Tour de David*, *le Miroir sans tache*; le tout avec des sentences. A gauche, une main habile avait sculpté le banquet d'Assuérus, sa table couverte de mets et entourée des grands dignitaires du royaume; lui-même, il se tenait auprès d'Esther, sa nouvelle épouse, tandis que Vasti, qu'il avait répudiée, paraissait hors du palais, avec ses habits royaux, traînée par deux satellites. Non loin, étaient deux prophètes, dont l'un à genoux. Ils demandaient à Dieu la naissance du Sauveur, exprimant leurs désirs ardents par les paroles suivantes : *Rorate Cœli de super et nubes pluant justum aperiatur terra et germinet salvatorem*. Leurs yeux étaient fixés sur la sainte Vierge, qui leur apparaissait dans les nuages, au milieu d'un cortége d'anges. A droite de la contre-table, on voyait une sybille, une sentence à la main, semblant reprendre Octave, de ce qu'il rendait aux idoles l'adoration qu'il devait au fils

de Marie. Elle lui montre, ainsi qu'aux grands de
Rome qui sont à la suite, cette vierge tenant son
fils au milieu des nuages et environnée d'une
multitude innombrable d'anges, d'archanges,
de chérubins, de séraphins et de toutes les prin-
cipautés du ciel. L'idole aux pieds de laquelle ils
sont prosternés, apparaît hors de la ville, du
côté opposé à la mère du Messie. Le serpent
qu'elle devait écraser, rampe auprès d'elle et une
sybille le menace de son pouvoir, comme si elle
voulait dire : *Ipsa conteret caput tuum*. Le Père
Éternel, au milieu d'un nuage et d'un groupe
d'anges, dominait tout. Au-dessus de cet ensemble
étaient trois chapiteaux en forme de tour ronde,
avec des sculptures et des ciselures dorées et enri-
chies selon l'ordre gothique. Comme pour ombra-
ger cette magnifique contre-table, un chêne dont
les branches et le feuillage étaient habilement
découpés, s'élevait jusqu'au bas des grandes
fenêtres. On avait voulu représenter l'arbre de
Jessé, avec ses douze ou quartoze rois d'Israël.
Au sommet, était Marie, mère du Sauveur; des
anges la couronnaient, d'autres, au nombre de
seize, tiraient de leurs instruments une céleste
harmonie. Telle est la description que nous pouvons donner de la beauté et de la richesse de cette
contre-table; mais comme elle était très-ancienne,
l'abbé de Bernay et son prieur, conseillèrent à
M. Touquet, curé de Notre-Dame, de la faire

remplacer par l'autel actuel. On l'enleva donc de dessus le caveau où l'autel reposait, pour placer le nouveau au fond du sanctuaire. La sacristie qui se trouvait derrière cet autel, fut enlevée et rebâtie où nous la voyons, avec un agrandissement considérable qu'on y a fait l'an dernier.

Nous ne nous arrêterons que peu de temps sur les chapelles de cette église. Aujourd'hui, ce sont, en commençant par la gauche et en faisant le tour de la basse nef : celles de Saint-Taurin, de Notre Dame de Santé, de la Congrégation, du Sacré-Cœur, de la Sainte-Vierge, de Saint-Paty, de Saint-Sébastien, de Saint-Louis, de Sainte-Anne, et en face du chœur, celles de Sainte-Suzanne et de Sainte-Geneviève. Avant la première révolution, elles ne portaient pas toutes ce nom, et n'étaient point dans leur ordre actuel. Saint-Sébastien était à la chapelle de la Congrégation, ainsi que nous l'indique son martyr représenté au haut de la verrière. Saint-Sauveur à la chapelle Saint-Taurin; Saint-Joseph à la chapelle du Sacré-Cœur; le Saint-Rosaire à la chapelle de la Sainte-Vierge; Saint-Germain à la chapelle de Saint-Paty; Saint-Charles à la chapelle Saint-Sébastien ou de Saint-Louis, etc. Le sieur Desplanches fait, en outre, mention des autels de Saint-Nicolas et Saint-Laurent, dont nous ignorons la place qui leur était destinée.

L'histoire de Saint-Paty est généralement inconnue. Il est probable que le saint, honoré sous ce nom, était un cordelier, le père André Duguay, gardien du couvent. Les calvinistes s'étant saisis de lui, lui firent souffrir le martyr, en haine de sa piété et de la religion catholique, et le jetèrent dans la rivière des Champs. Après sa mort, un tableau retraçant son martyr, fut exposé dans l'église des religieux, où lui-même fut honoré sous le nom de Saint-Paty.... Autrefois, il ne manquait rien à l'ornement de ces chapelles. Elles avaient chacunes un chapelain et une confrérie. C'est ce qui rendit le clergé nombreux. Le curé, le vicaire et les chapelains se réunissaient tous les jours au chœur pour réciter *Matines et Laudes*, d'après une fondation faite par une dame d'une éminente piété.

Quant aux verrières de Notre-Dame de la Couture, sans être vraiment remarquables, elles sont dignes néanmoins de tenir une place importante dans cette notice. Nous entrerons dans quelques détails, et pour faire connaître les sujets et pour rétablir les noms des pieux donateurs, leurs armoiries, les inscriptions et les dates.

Les verrières du sanctuaire forment le tableau de l'invocation sous laquelle l'église a été placée. Elles représentent les trois personnes de la très-Sainte-Trinité, au milieu desquelles se trouve la sainte Vierge que deux anges couronnent. Au bas, on lit en écriture gothique : *Sancta Maria, ora pro nobis*, et on remarque au-dessous de la sainte Vierge, les armoiries du donateur : *D'argent au chevron d'azur à trois lions de gueules vilenés, dont deux affrontés en chef et un en pointe.* Ces armoiries qui se trouvent dans l'abbaye sont celles que portait la famille des Haules, seigneurs de Larue, Bourjoie, Chapelière (généralité d'Alençon, élection de Conches); bien plus, nous croyons que ces verrières furent données par Louis des Haules, homme d'une piété remarquable, d'un zèle extrême à orner la maison de Dieu, qui fut abbé de Bernay depuis 1499 jusqu'à 1524, et qui enrichit l'église du couvent de peintures et des sculptures charmantes, etc.... [1]

Les deux fenêtres, à gauche, présentent des malades, des infirmes de tout âge, de toutes conditions, des pèlerins, des guerriers, des évêques, etc...., qui viennent implorer l'aide et la protection de la mère de Dieu. On lit au bas : *Sancta Maria, succurre miseris, juva pusillanimes, refove flebiles* (sainte Marie, venez au secours des malheureux, soutenez les faibles, consolez les affligés). Les deux autres, placées à droite, représentent des hommes et des femmes prosternés, des religieux qui prient à genoux. Au bas est écrit : *Ora pro populo, interveni pro clero, intercede pro de-*

---

[1] L'abbé Desplanches, dans les notes envoyées à l'évêque de Lisieux, indique à une fenêtre du chœur, les armoiries : *d'Azur au chevron d'or accompagné d'un lion d'or, couronne de comte.* — Nous ne les avons point vues.

voto femineo sexu (*priez pour les peuples, prenez la défense du clergé, intercédez pour le sexe dévot.*)

La première fenêtre, donnant sur le bas côté de gauche, c'est-à-dire celle des fonts baptismaux, a dû représenter un des attributs de la Vierge, comme nous l'indique les mots suivants qu'on y remarque : *Electa ut sol, pulchra ut luna, stella maris*.

La quatrième représente la naissance du Sauveur : c'est bien là l'étable de Bethléem, pauvre et ouverte à tous les vents. Non loin, on voit des bergers, et, dans les airs, des anges qui entonnent l'hymne du triomphe : *Gloria in excelsis Deo*. Au bas on lit cette inscription : « M. Robert de Lory, » prêtre et curé de cette paroisse, lequel trépassa » le deuxième jour de juillet, l'an 1481, a donné » cette verrine. » Il est représenté revêtu d'un rochet et d'une soutane violette.

La cinquième nous offre au premier panneau un sujet assez confus ; au second, la sainte Vierge tenant dans ses bras l'enfant Jésus. Au bas est écrit : « Jehan Auger, bourgeois de Bernay, et » Marguerite, sa femme, donnèrent cette verrine » le trente décembre 1421. Priez Dieu pour eux » et leurs amis trépassés. »

La sixième, placée derrière la chaire, mérite de fixer davantage notre attention. Elle représente l'arbre de Jessé, c'est-à-dire le tableau abrégé de la généalogie de la sainte Vierge. Jessé, souche

Planche des Armoiries.

Armoiries de la Congrégation de S.t Maur ou nouvelles armoiries de l'Abbaye.

Jean de la Chapelle 24.e abbé de Bernay.

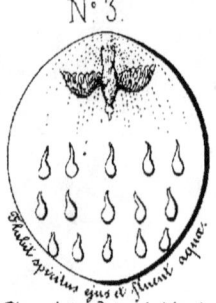

Armoiries des pénitens du tiers-ordre de S.t François.

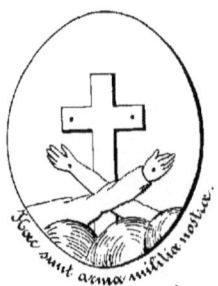

Armoiries des Cordeliers.

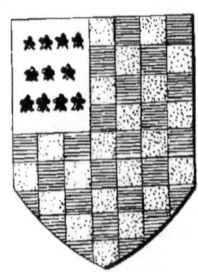

Anciennes Armoiries de l'Abbaye.

Armoiries de Louis Des Haules, abbé de Bernay.

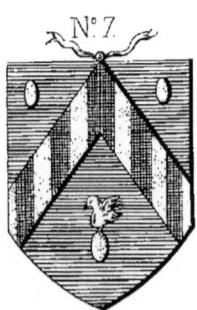

Armoiries de Jehan Tourmage.

Armoiries de la femme de Jehan Tourmage.

de la famille, laisse sortir de son sein un arbre qui se divise en plusieurs branches et ces branches supportent douze ou quatorze rois d'Israël, David, Salomon, etc..., et enfin Marie, *de laquelle est né Jésus*. A gauche et à droite, sont deux personnages tenant, chacun, une sentence que nous n'avons pu lire. Auprès, sont les donateur et donatrice avec leur écu couché. L'époux portait : *d'azur au chevron d'or paraissant componé de sable, à trois besants d'or, deux en chef et un en pointe, sommé d'un oiseau essorant d'argent*. L'épouse : *parti de son mari et parti d'argent au lion de sable*. Au bas de la fenêtre, on ne lit plus qu'en partie l'inscription suivante, et extraite du manuscrit de Desplanches : *L'an de grâce* 1280, 19° *d'août, Jean Fourmage, secrétaire du roi Charles, et Alexise, sa femme, ont donné cette verrine. Priez Dieu pour eux*. Il nous est impossible de croire, avec Desplanches et l'auteur de la publication de Mistral, que Jean Fourmage, dont il est ici question, ait été secrétaire de Charles d'Anjou, comte de Provence, frère de saint Louis, à qui le pape Clément IV donna le royaume de Sicile en 1265, et à qui il remit la couronne à Rome, le 4 janvier de l'année suivante.

Evidemment l'inscription manque de la forme et du style antiques. Le genre de verrière, représentant l'arbre de Jessé, est plus récent. S'il eût suivi ce monarque dans ce nouveau royaume, ce secrétaire, dans les actes contre-signés par lui, aurait au moins fait connaître son nom, et nous ne le voyons dans aucune biographie; il y a donc erreur dans la date indiquée. Ce n'est pas non plus Johan Fourmage, que le livre des frères de la Charité de la Couture, nous indique comme un de ceux qui travaillèrent les premiers à fonder leur confrérie, et qui fut serviteur en l'an 1399, fut troisième échevin en 1400, et quatrième prévôt en 1401. Ce serait plutôt un de ses descendants qui, secrétaire ou mieux notaire (car autrefois ces officiers publics prenaient le titre de *secrétaire du roi*), aurait rempli ces fonctions sous le règne de Charles VIII, roi de France; outre que cette époque coïncide avec celle de la verrière, nous voyons qu'Alexise, femme de Fourmage, sortie de la famille Liée (généralité d'Alençon, élection de Lisieux), dont le chef de la maison, en 1667, fut écuyer, sieur de la Fosse, chevalier, seigneur de Tournancourt, l'Heur, Lever, Belleau, a voulu être représenté sur la verrine avec son grand costume; et c'est celui qu'Anne de Bretagne mit à la mode et qui rappelle les dernières années du xve siècle.

La septième, dans la chapelle de Saint-Taurin, nous fait voir au premier panneau à gauche, *saint Jean-Baptiste*. Au deuxième, l'archange *saint Michel*, on lit au bas : « *Girot Douis et sa femme ont donné cette verrine. Priez Dieu pour eux.* »

Au troisième, la *sainte Vierge*, au bas est écrit :
« *Pierre d'Irlande et Marion de Fréville, sa femme,*
» *ont donné cette verrine. Priez Dieu pour eux.* »
Nous croyons que le donateur est celui qui fut
échevin de la Charité de la Couture, en 1471. Du
reste, cette famille est très-ancienne dans Bernay
et elle a toujours été honorée de toute l'estime des
habitants. Au quatrième, *le Sauveur* tenant en
ses mains le monde qu'il a racheté par la croix,
au bas étaient autrefois les armes de France.

La huitième est sans verrières, comme aussi
sans tympan. Cela ne vient point d'un vice de
construction; mais de ce qu'un ouragan la renversa quelques années avant la révolution de 1793,
ou plutôt vers 1740.

A la neuvième, dans la chapelle de la Congrégation, est une naissance du *Sauveur*, sujet plus
grandement traité que celui dont nous avons déjà
parlé. C'est une des plus belles verrières de cette
église. Vue de près comme de loin, elle a quelque chose qui charme l'œil. L'ensemble en est
frappant ; et après un peu d'attention, on saisit
une foule de détails qui ajoutent encore à la première impression : ici différents portiques qui se
prolongent, là des paysages, des coteaux où des
bergers gardent leurs nombreux troupeaux. Pour
embellir cette perspective, on a figuré des murailles tombant en ruine, qui signifient la vétusté du
paganisme, et les débris sur lesquels s'élèvera

désormais la religion nouvelle, apportée par le divin enfant. Cette verrière est du XVIe siècle.

La dixième, nous offre l'entrée de Notre-Seigneur à Jérusalem. Il est monté sur son ânesse et est suivi de ses apôtres et de ses disciples. La foule s'empresse d'étendre sur son passage de riches tapis ou jonche la terre de fleurs et de feuillage (xvie siècle).

Nous ne nous arrêterons point aux dessins mesquins de la chapelle de la Vierge.

Nous passons à la première fenêtre de la chapelle suivante où est une résurrection de Jésus-Christ. Il sort du tombeau creusé dans le roc. L'ange qui vient de soulever la pierre est encore présent. L'épouvante a saisi les gardes, les uns sont renversés à terre, les autres fuient. De chaque côté de cette verrière, sont des portiques en ruine, symbole, comme nous l'avons dit, de la religion païenne qui a fait son temps (xvie siècle).

A la deuxième, une Ascension de Notre-Seigneur, retiré sur la montagne avec ses apôtres et ses disciples, il les quitte. L'empreinte de ses pieds est marquée sur le sol, et entouré de nuages, il s'élève vers son père qui paraît au haut des airs. Les anges, sur leurs instruments harmonieux, font entendre leurs célestes concerts (xvie siècle).

La troisième, où l'on découvre encore un religieux tenant en main son encensoir, semblerait être assez ancienne ; mais elle a tant souffert, qu'il n'est pas possible d'en indiquer le sujet ; elle paraît avoir été donnée par un abbé de Bernay.

La quatrième, dans le premier panneau de gauche, représente un évêque ou un abbé ; dans le deuxième, une sainte Vierge ; dans le troisième, saint Jean l'Evangéliste ; le quatrième est maintenant sans verrine.

La cinquième offre aux regards une bien petite, mais charmante Annonciation. Rien ne frappe comme de voir la sainte Vierge avec son maintien grave et majestueux. Il y a dans sa physionomie quelque chose de divin. Dans le pan de droite, est un abbé, adressant à Marie ces paroles de l'archange : *Ave Maria, dominus tecum*. On remarque au bas des armoiries et une inscription qui ferait entendre que Jehan Le Clerc Laisné et sa femme en auraient été les donateurs. C'est à tort : ces armoiries, d'*azur au chevron d'or, à deux étoiles à six raies en chef et un croissant en pointe*, ont, il est vrai, appartenu à plusieurs familles ; mais les mots *Leclerc Laisné et sa femme*, nous paraissent des fragments ajoutés, lorsque l'inscription brisée par le temps a été restaurée et fort mal restaurée. On est forcé d'attribuer le don de de cette verrière à la famille de la Chapelle (autrefois généralité de Caen, élection de Valognes), dont les membres étaient seigneurs du Buisson. L'époque de cette verrière, le portrait d'abbé qu'elle représente, nous indiquent assez qu'il faut reconnaître pour le véritable donateur Jean de la Chapelle, vingt-quatrième abbé de Bernay, qui fut vicaire de l'église de Saint-Pierre de Caen, et qui mourut le 13 juin 1488.

Nous voyons à la sixième saint Nicolas avec ses petits enfants, réunis dans un baquet. On lit au bas : « Foulques, bourgeois de Bernay, et » Béatrix, ont donné cette verrine l'an mil quatre » cent... Priez Dieu pour eux. »

A la septième, à gauche, saint Joachim enseignant la lecture des saintes Ecritures à Marie, et à droite est un évêque tenant en main l'ancre de l'Espérance. Au bas était écrit : « L'an mil cinq » cent et deux, le six juillet, Clémence, veuve de » défunt Mathieu Manneveu, trépassa, et a donné » cette verrine. Priez Dieu pour elle. »

La huitième est un petit chef-d'œuvre de la renaissance. Que l'on jette les regards sur cette Notre-Dame des Sept-Douleurs : comme la souffrance et la tristesse sont bien peintes sur ses traits ! comme en même temps on y découvre un mélange de force et de courage qui élève son âme au-dessus des douleurs qu'elle éprouve. Pour entretenir en elle la pensée amère du supplice de son adorable Fils, des Anges ne cessent de lui présenter les instruments qui servirent à la mort du Sauveur; mais les cieux sont la récompense de sa résignation : aussi s'ouvrent-ils dans toute leur splendeur. Cette verrine fut faite en 1633.

Les deux dernières, placées sous la tour, ont eu autrefois des sujets peints, mais il n'en reste plus que de très-faibles vestiges.

Tels sont les vitraux de Notre-Dame de la Couture. Plus heureuse que l'église Sainte-Croix, elle les a conservés presque tous, et c'est une de ses riches décorations.

Outre ses belles et précieuses verrières, l'église de Notre-Dame de la Couture possède encore :

1° Une chaire assez délicatement sculptée [1];

2° Une tribune que quatre colonnes supportent, et un jeu d'orgue assez récent et d'un assez bon effet, quoique bien inférieur à celui dont parle l'abbé Le Bertre, et qui avait 32 jeux ;

3° Vingt-huit ou trente lustres magnifiquement travaillés. Naguère ils décoraient l'église Saint-Roch à Paris, mais ils furent vendus, et l'acheteur, après les avoir réparés, les céda à M. Aumont, curé de Notre-Dame de la Couture, moyennant une somme de 6,000 fr. ;

4° Des ornements de toute beauté, dont un en drap d'or, du prix de 4,000 fr., et un autre en velours cramoisi brodé d'or, ayant coûté 4,500 fr.;

5° Douze ou quatorze tableaux, dont plusieurs atteignent 10 pieds de hauteur. Ce sont : à la cha-

---

[1] Au moment de la grande révolution de 1793, on s'en est servi comme de tribune publique où l'on venait débiter des discours patriotiques. Elle ne fut pas endommagée. Il n'en fut pas de même du banc d'œuvre qui, n'étant d'aucune utilité pour les révolutionnaires, fut vendu, et après la tourmente on le remit à sa place où nous le voyons encore.

pelle de la Vierge, une *Naissance du Sauveur*, donnée par Mme Prétavoine, dont le souvenir vivra longtemps dans la paroisse, à cause de ses dons à l'église et ses largesses aux pauvres. Dans l'intérieur de la nef, une *Descente de Croix*, retirée de l'autel de la Vierge. « On la soupçonnait, » dit le libraire Mistral dans ses publications, « être du célèbre Bourdon. » Un *Christ*, une *Sainte-Thérèse*, un *Saint-Paty*, une *Vierge au Voile*, une *Assomption*, une *Annonciation*, deux *Fuites en Egypte*, dont une remarquable par le coloris et par le contraste des douces figures de la sainte Vierge et de l'enfant Jésus rapprochées de l'aspect viril de saint Joseph; une *Résurrection*, une *Magdeleine pénitente*, qui a déjà fixé beaucoup l'attention des étrangers; enfin, le *Sauveur du monde au Jardin des Olives*, dont on apprécierait encore plus le mérite s'il était vu de près. Toutes ces toiles, à l'exception des deux premières, sont l'œuvre de Mlle A. Robillard. Dès sa plus tendre enfance, cette demoiselle avait cultivé avec succès le dessin, puis le genre difficile de l'aquarelle. Ses derniers travaux révélèrent une artiste distinguée. Vers 1840, elle voulut s'essayer à la peinture à l'huile, et depuis elle fit d'une main habile ces tableaux, où l'on voit un progrès de plus en plus sensible dans la hardiesse du trait. Elle eût voulu continuer son œuvre de désintéressement; mais Dieu, dans ses desseins éternels, en jugea autrement : il l'appela à lui le 25 décembre 1846, âgée seulement de 45 ans.

Nous saisirons ici l'occasion de dire quelques mots sur plusieurs autres bienfaiteurs de cette église. Les ravages qu'occasionnèrent les guerres civiles avaient fait disparaître tout ce que ce temple possédait de riche et de précieux, les ornements, l'argenterie, etc. Depuis cette époque malheureuse, on travailla à réparer ces pertes considérables, et au xviiie siècle la paroisse eut le bonheur de posséder, pendant trente ans, Anne Dauvet, comte de Boufflеy, qui, après avoir servi glorieusement son roi dans les armées, se donna tout entier à Dieu, et employa tous ses revenus pour la décoration de la Couture et le soulagement des pauvres. En 1729, il fit don d'une grande lampe d'argent, de six candélabres aussi d'argent, de rideaux d'autels, d'une chapelle en damas violet, fit couvrir l'église en ardoise. En 1738 ou 1739, il donna encore une magnifique chapelle en velours cramoisi, enrichi d'or, consistant en une chasuble, tunique, dalmatique, parement d'autel et cinq chapes, fit peindre tout l'intérieur de l'église, à laquelle il fit encore d'autres dons, sans négliger toutefois les pauvres, dont il se montra constamment le père. En consacrant ainsi une partie de ses revenus, il se privait sans doute de quelque jouissance; mais ses bonnes œuvres l'ont accompagné au delà du tombeau, et la paroisse, non contente de lui avoir donné pendant sa vie des marques de son respect, fonda à sa mort et à perpétuité un service pour le repos de son âme.

Nous voudrions connaître les noms de beaucoup d'autres bienfaiteurs qui, surtout depuis quinze ans, ont si puissamment contribué à l'embellissement de cette église : la personne qui a donné le riche et magnifique tapis pour le sanctuaire, celle qui a fait don des 6,000 francs pour l'achat des lustres, et beaucoup d'autres qui ont coopéré à la décoration de l'église, ne pouvant les signaler tous à la reconnaissance publique, nous citerons au moins M. Aumont, curé de Notre-Dame de la Couture, dont le zèle infatigable pour orner la maison de Dieu a produit tous ces merveilleux changements. Les pauvres eux-mêmes le béniront toujours ; car c'est grâce aux donations et aux restitutions qu'il a obtenues, qu'il peut leur distribuer en pain, viande, effets, une rente annuelle de 1,000 francs [1].

---

[1] Nous apprenons avec satisfaction que le capital de cette rente s'est accru par les bons soins de M. Aumont, et qu'aujourd'hui il s'élève à 42,500 fr. Le Conseil de fabrique, en date du mois de février dernier, vient d'en accepter la donation définitive.

CHAPITRE CINQUIÈME.

Sommaire.

Antiquité du pèlerinage de Notre-Dame de la Couture. — Effets visibles de la protection que la sainte Vierge a accordée dans cette église. — Témoignages de reconnaissance dont on a décoré ce temple. — Prière à Notre-Dame de la Couture.

Nous terminerons cette notice par un chapitre sur le pèlerinage dont l'église de Notre-Dame de la Couture est l'objet. Nous citerons, d'abord, quelques passages, écrits à plusieurs époques, qui en font connaître l'antiquité.

Ainsi, dans le *Dictionnaire historique et topographique du département de l'Eure*, nous lisons que cette église est « renommée par de nom-
» breuses guérisons de malades, particulièrement
» de possédés, et aujourd'hui encore par de
» grands pèlerinages. »

Dans ses réponses à Mgr l'évêque de Lisieux, l'abbé Desplanches nous dit vers 1740 : « Cette
» ancienne dévotion n'est pas éteinte, on n'a
» point cessé d'y venir demander des grâces de
» toutes sortes. Non-seulement les particuliers y
» viennent tous les jours en foule de différents
» endroits, mais les paroisses dont quelques-unes

» appartiennent aux diocèses voisins, et cela aussi
» fréquemment que les besoins publics se font
» sentir. Le concours est étonnant, on a vu sou-
» vent quatre ou cinq mille personnes toutes
» rassemblées dans l'église. »

D'après l'abbé Le Bertre, dans son *Abrégé des Miracles de Notre-Dame de la Couture*, « La véné-
» rable antiquité, soigneuse de conserver la mé-
» moire des choses qui sont notables et dignes de
» la connaissance des hommes, nous représente
» que de *tout temps immémorial* on a vu une
» continuelle affluence de peuple, une ferveur
» de dévotion et des cures merveilleuses. »

Ce pèlerinage nous conduit naturellement à quelques faits touchant des guérisons opérées par la protection de Notre-Dame de la Couture. La plupart n'ont point été rapportées; nous nous bornerons à quelques-uns de ceux qui ont été publiés en leur temps par Le Bertre, et nos lecteurs y trouveront un témoignage plus certain de leur authenticité. Voici ceux qui ont rapport aux habitants de Bernay :

1° En 1616, Jeanne Robin, de la rue des Penteurs, percluse de tous ses membres, était obligée de garder toujours le lit. N'attendant plus de secours des médecins qu'elle avait appelés, elle eut recours à Notre-Dame de la Couture, fit faire des prières pendant neuf jours, au bout desquels elle obtint sa guérison entière, et, en témoignage de sa reconnaissance, elle laissa ses béquilles au bout du grand autel. Les habitants de la rue, apprenant sa guérison subite, allèrent au-devant d'elle, rendant grâces à Dieu et à la sainte Vierge.

2° Marie de Sainte-Thérèse, sœur du couvent de la Congrégation de Notre-Dame, demeurée percluse de ses membres pendant cinq années, était tombée dans un tel épuisement, que, sans le secours d'une autre sœur, elle ne pouvait ni changer de place, ni même se soutenir. Après avoir essayé toutes les ressources de la médecine, elle eut recours à celle dont le pouvoir est si grand au Ciel et sur la terre. Pendant neuf jours, elle lui adressa ses humbles prières. Le jour de la Nativité de la Vierge, l'an 1664, elle sentit les effets de la puissance de Marie. Ses douleurs s'appaisèrent subitement; ses membres prirent de la vigueur. Etonnée, elle crut que ce changement merveilleux était une illusion; mais, assurée que sa guérison était réelle, elle alla se montrer à la Communauté. Un *Te Deum* fut chanté, et mille actions de grâce furent rendues à cette occasion.

3° En l'année 1663, Charles Lesueur, de la paroisse de Sainte-Croix, et son épouse, avaient un enfant dont les yeux étaient dans un état déplorable, depuis deux ou trois mois. Ils recoururent à Notre-Dame de la Couture, et le mal cessa entièrement.

4° En 1666, la révérende mère de l'Assomption, religieuse assistante du couvent de la Congrégation de Notre-Dame, attesta le fait suivant dont nous copions le récit : « Dans la ville de Bernay, une
» religieuse du monastère de la Congrégation de
» Notre-Dame, nommée sœur Marie de l'Ascen-
» sion, ayant été affligée d'une fluxion sur les
» yeux, si violente et si dangereuse, qu'elle fut
» près de quatre mois sans voir. La prunelle de
» ses yeux était couverte d'une chair fort épaisse,
» vulgairement appelée excroissance. On travailla,
» mais en vain, à la faire manger par des poudres
» mordicantes ; puis, cette chair revenait pres-
» qu'en une nuit. On lui fit tous les remèdes ima-
» ginables que la médecine peut suggérer, mais
» tout fut sans efficacité. Cette pauvre malade,
» accablée de douleurs que lui causait cette fluxion
» et les remèdes très-durs qu'on lui faisait, pria
» qu'on les discontinuât et qu'on eut recours à la
» consolatrice des affligés, et requit qu'on fit une
» neuvaine de messes à Notre-Dame de la Cou-
» ture. Elle, de son côté, lui adressait, tous les
» jours, ses vœux et ses prières avec une ferme
» espérance de recevoir sa guérison, et ne fut
» pas déçue de son attente ; car, environ le qua-
» trième ou cinquième jour de la neuvaine, elle
» s'aperçut d'un commencement de guérison, et
» le dernier, elle se trouva entièrement guérie.
» De quoi elle a donné son attestation signée de

» sa main, ainsi que le docteur Hayer, qui la
» gouvernait dans cette maladie. Cela se fit en
» présence de la communauté, pour rendre mieux
» témoignage à la vérité du fait. »

5° M. Des Pintréaux, gentilhomme, dont la naissance illustre, les mérites et la piété étaient assez connus des habitants de cette ville, tomba en 1663 dans une maladie violente qui ne lui laissait de repos ni le jour ni la nuit. Les plus célèbres médecins furent appelés et leurs soins furent sans résultat. Alors ne pouvant plus rien espérer du secours des hommes, il s'adressa à Notre-Dame de la Couture, ordonna qu'on fit des prières, et au bout de quelques jours, il fut en parfaite santé et dit à ses médecins, ainsi qu'à ses amis, qu'il n'avait obligation de son rétablissement qu'à la protection de la sainte Vierge.

Pour dire quelque chose des guérisons opérées en faveur des personnes étrangères à cette ville, nous citerons Sulpice Letournel, de la paroisse de Plasnes. En 1627, M. le curé demanda pour lui les prières de tous ceux qui accompagnaient la procession de la sainte Vierge, à laquelle assistait le malheureux possédé, et à l'instant même il fut guéri. Le lendemain on vit tout le voisinage venir rendre des actions de grâce.

Charles Sauval, de la paroisse de Thibouville, était paralysé depuis trois ans. Il se fit porter à Notre-Dame de la Couture, le 13 juillet 1664, pour accomplir le vœu qu'il avait fait. La neuvaine finie, il obtint une parfaite guérison et non-seulement il ne ressentit plus de douleurs, mais encore il marcha sans ses béquilles qu'il laissa au grand autel en témoignage de sa reconnaissance.

Le dernier juillet 1666, Jeanne Morin, femme de Martin Houel, de la paroisse de Saint-Victor-d'Espine, ayant perdu la parole, se recommanda à Notre-Dame de la Couture, y vint accompagnée de plusieurs autres paroissiens et recouvra l'usage de la parole au grand étonnement des assistants qui voulurent déposer avec elle du miracle dont ils avaient été témoins.

Si nous sortons des limites du diocèse, nous verrons également des effets de la protection de Notre-Dame de la Couture. Marie Pinard, épouse du sieur Desmoulins, avocat au parlement de Rouen en 1664, fut saisie d'une fièvre continue; elle eut, en outre, pendant trente jours un flux de sang, des faiblesses continuelles, et fut réduite à ne pouvoir prendre qu'un peu de vin et d'eau; enfin la gangrène se déclara à cinq endroits différents. Pendant plusieurs jours, les médecins n'attendaient plus que le moment de la mort. Mais ses amis eurent la pensée d'implorer l'assistance de Notre-Dame de la Couture et firent le vœu d'y faire faire des prières. Au commencement de cette neuvaine, la mourante parut soulagée peu de temps après, elle put se lever et marcha librement dans sa chambre en présence des médecins et de ses amis qui, tous, attribuèrent sa guérison à la très-sainte Vierge et en laissèrent une attestation par écrit.

Gervaise de l'Espine, de la ville de Caen, était affligée d'un cruel mal d'yeux. Elle vint à Notre-Dame de la Couture implorer l'assistance de la consolatrice des affligés; elle eut la joie de s'en retourner exaucée.

Mais, à ces témoignages de la protection de Notre-Dame de la Couture, nous pouvons en ajouter d'autres qui furent non-seulement suivis d'actions de grâce, mais encore accompagnées de dons particuliers.

1° Un seigneur de Bourgogne, Armand-François de Menou, chevalier, marquis de Charnisay, de Aublerre, de Saint-Michel, Villers, etc..., tomba dans une maladie terrible, en 1665. Les forces l'abandonnèrent au point que tout le monde désespérait de sa vie. N'ayant plus d'autres ressources, il adressa lui-même des vœux à Notre-Dame de la Couture, et aussitôt il se sentit soulagé, fit offrir le saint sacrifice, et, après quelques jours, il revint en pleine santé. Pour remercier la sainte Vierge de ce bienfait, il vint lui-même à la Couture, suivi de beaucoup de personnes de qualité, et envoya ensuite une magnifique lampe d'argent où étaient gravées ses armes et celles de son épouse, désirant par là laisser un témoignage public de la guérison qu'il avait obtenue.

2° Une tradition qui date de temps immémorial a conservé (et elle se trouve ainsi consignée dans le xviie siècle) que les fers suspendus autrefois au bout du grand autel étaient ceux d'un prisonnier condamné injustement à mort. Comme il allait au lieu du supplice, n'ayant plus aucun moyen de prouver son innocence, il pria Notre-Dame de la Couture, dont il était éloigné de plus de trente lieues, et ses fers tombèrent à ses pieds. La justice le renvoya absous et, en témoignage de ce fait providentiel, il vint apporter ses fers et fit présent d'une chape qui conserva le nom de chape du prisonnier.

3° En 1628, M. de Vertamont, conseiller au Parlement de Paris, voyant sa sœur dans une affreuse agonie, la recommanda à Notre-Dame de la Couture et fit vœu de donner une lampe d'argent. Pendant qu'il priait ainsi dans un appartement voisin, on vint lui dire que sa sœur était sortie de son profond assoupissement ; que les sens lui étaient revenus et qu'il s'était opéré en elle un changement soudain et extraordinaire. M. de Vertamont reconnut que sa prière était exaucée. Il rendit, ainsi que ses amis, des actions de grâce à Dieu et à la très-sainte Vierge. On envoya tout aussitôt la lampe sur laquelle étaient gravés d'un côté un petit écusson et de l'autre cette inscription : *Ob quam-*

dam favente numine è Lethi faucibus ereptam appendit Andreas de Vertamont anno 1628.

Une autre lampe fut encore donnée, mais les personnes ne voulurent pas se nommer et dirent qu'elles faisaient ce don pour des faveurs reçues de Notre-Dame de la Couture.

Des personnes de très-haut rang ont donné en reconnaissance des enfants d'argent (1). On peut citer Mme d'Echauffou, en 1679, et Mme la duchesse de Broglie et Mme la marquise de Chambrays, en 1738........

Nous n'apporterons point un plus grand nombre de faits. D'autres ont été recueillis; plus encore ne l'ont point été. Du reste, si autrefois les habitants de Lisieux, pour perpétuer le souvenir de leur gratitude envers Notre-Dame, placèrent une petite statue sur la place d'Orbec, avec cette inscription : *Notre-Dame de la Couture, priez pour nous.* Si, au XVIIe siècle, comme nous l'apprend Le Bertre, les paroisses voisines Orbec, Lieurey, Saint-Georges-du-Vièvre, etc., etc., venaient encore solennellement en procession à cet antique et célèbre pèlerinage, notre siècle, malgré des orages politiques, n'a point oublié cette dévotion. Il n'y a pas deux ans, n'a-t-on pas vu le vénéré pontife de ce diocèse, venir au nom de plusieurs

[1] Quelques personnes que nous avons consultées pensent que ces petites statues étaient de petits enfants en argent soufflé ; nous croyons qu'ils étaient de cire soufflée et argentée.

personnes de sa ville épiscopale, célébrer une messe d'actions de grâce, en l'honneur de Notre-Dame de la Couture, qui les avait visiblement protégées contre les atteintes du terrible fléau qui a fait tant de victimes! Nous-même, pendant les deux années de notre vicariat, nous n'avons point été sans entendre plusieurs pèlerins et autres personnes honorables de la ville, nous assurer qu'ils croyaient devoir à Notre-Dame, d'avoir été exaucés dans leurs prières. Combien de personnes aiment encore à se rendre à ses autels, les orner, y suspendre des *ex-voto* en témoignage de leur reconnaissance. Sans parler des malades, des infirmes, qui viennent chaque jour demander avec confiance à Dieu, soulagement et guérison par l'entremise de Marie *salut des infirmes*. Combien d'âmes éprouvées par le malheur, sans consolation, sans aide, sans protection sur cette terre de souffrance et de larmes, s'empressent d'implorer dans son temple celle que l'église appelle l'*appui du faible*, *la consolatrice des affligés*, *le secours des chrétiens*. Le 25 mars de chaque année, jour de l'Annonciation, la foi se ranime dans les cœurs en contemplant une multitude immense, accourue de loin, qui se presse dans ce temple auguste. Et le lundi de la Pentecôte, quel nouveau spectacle non moins consolant! Dix processions des environs, Grand-Camp, de Saint-

Nicolas, Valailles, Saint-Victor-de-Chrétienville, Caorches, Courbépine, Saint-Aubin-le Vertueux, Broglie, etc., etc., arrivent précédées de leurs confréries, avec croix, bannières, et chantant des hymnes et des litanies à Notre-Dame, et ne se retirent qu'après avoir assisté au saint sacrifice de la messe que célèbrent leurs dignes pasteurs. Reconnaissons-le donc, ce concours prodigieux de fidèles dit assez que des effets sensibles et multipliés de la puissance de la bonne Notre-Dame de la Couture, ont pu seuls imprimer dans les cœurs cette conviction profonde, qu'on ne l'invoque point en vain dans son temple. Et dès lors, quels motifs plus encourageant doivent nous porter aussi dans notre détresse à lui exposer tous nos besoins....
O Marie, ô très-sainte et très-auguste Vierge, nous finissons en vous adressant cette prière si chère à votre cœur et si souvent exaucée : — Jamais il n'a été dit qu'aucun de ceux qui par une confiance entière, sainte et réglée, ont imploré votre protection, ait été délaissé. Animé d'une telle confiance, nous avons recours à vous, ô très-sainte Mère ! O la plus parfaite des créatures ! jamais la tache du péché n'a souillé votre âme. Comme votre Fils, vous êtes pleine de bontés, même pour les plus grands pécheurs, vraiment pénitents ou du moins qui désirent sincèrement leur conversion. O Mère de miséricorde, daignez vous intéresser

pour nous ; vous connaissez nos misères, nos faiblesses, tous nos besoins. Hâtez-vous de nous secourir. Vous êtes la Reine des cieux, des anges et des saints ; vous pouvez tout auprès de Jésus-Christ votre fils ; vous êtes le canal de ses grâces et de ses faveurs, soyez notre puissante médiatrice auprès de lui, daignez nous en obtenir tous les secours spirituels et temporels qui nous sont nécessaires pour nous soutenir au milieu des écueils dont nous sommes environnés ; vous êtes la consolatrice des affligés, obtenez-nous de Dieu la grâce de supporter nos maux, toutes les peines de cette vie, avec cette patience et cette résignation dont vous nous avez donné l'exemple sur la terre, afin que par notre soumission, nous méritions comme vous de jouir des consolations éternelles. Vous êtes le refuge des pécheurs, obtenez-nous une vraie contrition, le pardon de nos fautes et la grâce d'éviter le péché. Enfin vous êtes le soutien, l'appui, l'avocate des fidèles qui vous invoquent dans de saintes dispositions, prosternés à vos pieds, nous réclamons vos bontés, daignez nous exaucer. Si vous nous protégez, nous n'avons rien à craindre, ni du côté de l'ennemi de notre salut, parce que vous êtes plus puissante que l'enfer, ni du côté de notre juge, qui se laissera fléchir à vos prières. Priez donc pour nous, Jésus votre cher fils ; dites-lui que vous nous protégez et il aura pitié de nous, ô notre Mère, notre protectrice et notre patronne. Nous nous jetons entre vos bras miséricordieux, nous nous confions entièrement à vous : C'est dans cette confiance que nous voulons vivre et mourir.

FIN

PIÈCES JUSTIFICATIVES.

NOTE A.

L'incertitude que nous présentaient les diverses opinions sur l'étymologie du mot *Bernay*, était un motif pour nous d'avoir recours aux plus anciennes chartres ou titres, comme moyen de faire jour à la vérité : ce moyen nous a réussi. Voici comment s'écrivait le Bernay de la Sarthe : *Briniacus* en 796 et 816 ; *Breniacus* en 832 ; *Breim* en 837 ; *Breneyum, Breneium, Brenneium, Berneium, Bernaium, Bernayum*. de 1081 à 1090 ;

Pour le Bernay de l'Eure, on voit *Breniacus* ou *Brenaïcus* en 1007 ; *Berniacus* en 1025 ou 1026 ; puis *Bernaïcus, Bernacum, Berneium, Bernaium, Bernayum*.

Nous arrêtons ici l'exposé de nos recherches ; le seul rapprochement de ces deux noms de lieux suffit pour nous faire reconnaître qu'il y a composition de *ac* et de *Brin, Bren, Brenn,* ou, par une prononciation vicieuse, *Bern*.

Ac, et en latin *acus* ou *acum*, terminait la plupart des noms celtiques, ainsi que nous l'avons déjà dit. Il s'est trouvé modifié en *y*, en *a*, en *as*, en *ec*, en *icu*, en *ay*. Les Bourguignons surtout, dit le père Menestrier (ornements extérieurs des armoiries), le fondirent avec le mot qui précédait, et comme pour faire remarquer qu'il y avait contraction, ils changèrent l'*i* en *y*. Ce même usage se voit dans d'autres provinces. On peut citer pour notre département : *Aciniacus*, Acquigny ; — *Albiniacum*, Aubigny ; *Andeliacum*, Andely (petit et grand) ; — *Baviniacum*, Bavigny ; — *Bretiniacum* ou *Britanniacum*, Bretigny ; — *Campiniacus*, Campigny ; — *Chaviniacum*, Chavigny ; — *Cornacum*, Corny ; — *Cailliacus*, Cailly ; — *Cameliacum*, Camilly ; — *Copiniacum*, Coupigny ; — *Chalviniacum*, Chalvigny ; — *Croisiacum*, Croisy ; — *Esiacum*, Ezy ; — *Floriacum*, Fleury (sur Andelle) ; — *Graviniacum*, Gravigny : — *Gaaniacum*, Gâny ; — *Guarniacum*, Guerny ; — *Ivriacum*, Ivry ; — *Isiniacum*, Isigny : — *Joiacus*, Jouy ; — *Leriacum*, Léry ; — *Lilliacum*, Lilly ; — *Martiniacum*, Martagny ; — *Moriniacum*, Morgny ; — *Musiacum*, Muzy ; — *Poliniacum*, Poligny ; — *Paciacum*, Pacy ; — *Pressiniacus*, Pressagny (l'Orgueilleux) ; — *Quitriacum*, Quitry ; — *Rumiliacum* ou *Romiliacum*, Romilly ; — *Sterpiniacus*, Etrépagny ; — *Sarquiniacum*, Serquigny ; — *Turnacum* ou *Tornacum*, Tourny ; — *Veliacum*, Velly, etc., etc.

Les Bressans et la contrée de la Bourgogne la plus voisine de la Bresse changèrent cette terminaison en *a* : *Cressia*, — *Chamberia*, — *Marlia*, — *Mezeria*, etc.

Quelques provinces l'ont changée en *é*, particulièrement les Bretons : *Aciniacum*, Acigné ; — *Albiniacum*, Aubigné ; — *Balgiacum*, Baugé ; — *Berniacus*, Berné ; — *Joviniacum*, Juvigné ; — Marcillé, Martigné.

Dans les environs du Rhône, entre Vienne et Avignon et les pays voisins, on la voit modifiée en *as* : *Breniacus*, Brenas ; — *Moriniacum*, Mornas, etc.

En Auvergne, en Velay, en Vivarais et en Languedoc, où les Gaulois se maintinrent plus longtemps, et dans quelques lieux d'autres provinces, cette terminaison ne changea pas : *Aureliacum*, Aurillac ; — *Albiniacum*, Aubignac ; — *Brenacum* ou *Bernacum*, Bernac (Tarn, Lot-et-Garonne, Charente) ; — *Brenacum*, Brenac ; — *Floriacum*, Florac ; — *Galliacum*, Gaillac, etc.

Chez les peuples du Lyonnais, du Dauphiné et de la Bresse, les noms en *ieu* n'ont point eu d'autre source : *Crimiacum*, Crémieu ; — *Condriacum*, Condrieu ; — *Floriacum*, Florieu ; — *Moriniacum*, Mornieu, etc.

Enfin, pour certaines provinces, de là vient la terminaison en *ay* ; on peut citer *Annoniacum*, Annonay ; — *Auraicum*, Auray ; *Briniacus* ou *Breniacus*, Bernay (Sarthe, Somme) et dans notre département ; — *Bizacum*, Bizay ; — *Gisacum*, Gisay ; — *Gornacum*, Gournay ; — *Hazacum*, Hazay ; — *Tornacum* ou *Turnacum*, Tournay ; enfin le nom qui nous occupe particulièrement, *Breniacus* ou *Berniacus*, Bernay. Ces exemples, que nous aurions pu multiplier, démontrent l'emploi très-fréquent de *ac* dans la composition des anciens noms de lieux, et nous indiquent, par les nombreuses modifications que nous venons d'exposer, la source du second mot qui a servi à former Bernay. Ainsi *Bre-*

niacus ou *Berniacus*, terme latinisé, est représenté aujourd'hui, selon les pays, par Brény (Aisne); — Berny (Seine); — Berné (Morbihan); — Bernas (Hérault); — Bernac (Tarn, Lot-et-Garonne, Charente); — Brenac (Aude); — Brenay (Eure); — Bernay (Charente-Inférieure, Nièvre, Eure, Sarthe, Somme).

Or, nous lui avons donné le sens de *logis, maison*. Voyons quelles en sont les raisons : le dictionnaire géographique de Vosgien, édition 1795, avance bien qu'il veut dire *aiguille;* mais l'auteur a évidemment confondu *acus, acûs* avec *acus, aci*, qu'on peut seul mettre en question. Aussi a-t-on cru devoir corriger cette erreur dans l'édition de 1829 pour le faire dériver du latin altéré *acqua*, eau. Cette correction est pareillement inadmissible. Le mot *ac* est celtique, et appartint-il à la langue latine, qu'il n'aurait pas encore ce sens, puisque certains bourgs ou villes dans les noms desquels il est pris comme terminaison, sont situés sur des hauteurs ou mamelons, ne contiennent ni marais, ni ruisseau ou rivière.

Selon nous, les Gaulois se servirent de ce mot pour désigner une *habitation*, une *demeure*. Pour eux c'était un usage bien naturel d'appeler les lieux habités, alors fort restreints tant il y avait de terrains incultes, par les noms de *maison*, de *l'homme* qui en avait été le fondateur ou le seigneur, ou des *accidents divers* particuliers au sol; cet usage n'était pas particulier aux Gaulois. Après l'invasion romaine, on voit surgir une foule de noms terminés par *villa....* (c'est-à-dire métairie, maison de campagne); d'autres, attribués par M. Aug. Thierry à la conquête franque, prendre la terminaison de *curt* ou *cort* (cour, enclos, masure); d'autres enfin, de création saxonne, se former de *toft* (masure), etc., etc. Tous ces termes diffèrent peu pour leur signification.

En Allemagne, beaucoup de noms gaulois avec *ac* pour finale sont encore conservés de nos jours, l'orthographe seule ayant changé; *steinacum* (selon nous : Maison de pierre), aujourd'hui *Steinach*. *Eysenacum* (maison du fer ou ferrières); *Eysenach*. *Stockacum* (maison du bois ou de bois), *Stockach*. *Brisacus*, aujourd'hui Brisach, etc., etc. Or, plusieurs de ces mêmes noms ont été traduits dans une langue plus récente, et à la place de *acus* ou *ach* on a mis *heim*, terme qui ne laisse aucune incertitude dans sa signification de *maison, logis* : *Arenacum*, Arnheim; — *Tiberiacum* (maison que Tibère fit construire durant les guerres en Germanie), Bercheim, etc., etc.

D'ailleurs, Ménage pense aussi que *acus* signifie : *maison, demeure*, et il allègue au rapport du père Menestrier la maison du poëte Ausonne, nommée *Lucaniacus*, comme s'il y avait *Lucani acus*, que Paulin appelle *fundus Lucani : villâ Lucani mox potieris aco*.

Nous nous appuyerons encore de l'opinion de Chorier (histoire du Dauphiné). Il donne à *acus* la signification de *Pointe*, et, selon lui, ce mot était *appliqué aux bâtiments élevés et accompagnés de tours, comme l'étaient ceux des puissantes familles*.

On le voit, bien que les dictionnaires de langues anciennes ne citent pas ce mot et que les publications modernes se taisent également à son sujet, plusieurs fortes raisons permettent néanmoins de lui fixer le sens que nous lui attribuons.

Quant aux autres mots : *Brin, Bren, Brenn*, on trouve qu'ils ont tous trois la même signification et veulent dire indistinctement : *côte, forêt*. Mais, comme tous les endroits du nom de Bernay, *Bernac*, etc., sur lesquels nous avons pris des renseignements, sont situés au pied d'une côte ou sur le penchant d'une colline, nous préférons admettre le premier sens. Bernay, en dernier lieu, signifierait donc : Maison de la Côte. Quand les auteurs de la basse latinité s'astreignaient aux règles de la langue qu'ils écrivaient, ils traduisaient ces mots par *Briniacus, Breniacus, Berniacus*. Dans le cas contraire, ils se bornaient à mettre simplement : *Brenacus, Bernacus, Bernacum*, etc.

CHARTE DE RICHARD II

En faveur des Religieux de Bernay.

(On a reproché à ce prince plusieurs de ses actions. Sans essayer d'en prendre la défense, nous dirons qu'il serait à souhaiter que tous les grands personnages de l'histoire eussent racheté comme lui leurs fautes par de bonnes œuvres. Il fut le père des religieux, le nourricier des pauvres et le défenseur des opprimés ; son principal exercice quand il était dans une ville, était de visiter toutes les églises, et à ceux qu'il trouvait en prières, il faisait des libéralités. En mourant, il voulut donner le tiers de son mobilier aux pauvres.)

« Par le secours de la divine miséricorde, moi Richard, duc de
» Normandie, à tous les fidèles de J. C. répandus sur toute la
» face de l'univers :
» Personne d'entre les fidèles ne doit ignorer que ceux là
» doivent être héritiers du fils de Dieu, qui faisant J. C. leur
» héritier, ne balancent point de donner aux lieux consacrés au
» culte du Seigneur, les biens qu'ils possèdent dans le pèleri-
» nage de cette vie, comme par l'héritage de leur père.
» Le verre d'eau froide, qui selon la parole de l'Evangile ne
» manque point d'avoir sa récompense, soutient en cela notre
» foi.
» Il ne faut donc pas croire que ceux là soient privés de la
» grâce du don de Dieu, encore qu'ils n'assistent point par état
» aux cérémonies ecclésiastiques, qui entretiennent cependant
» de leurs biens, les ministres de l'office divin, en leur four-
» nissant la nourriture temporelle dans l'espérance, que, si par
» ce moyen, ils rendent ceux qui sont établis pour servir conti-
» nuellement le roi céleste, uniquement occupés des choses du
» Ciel, ils puissent eux-mêmes participer entièrement à un tel
» bienfait.

» C'est sur le fondement de cette espérance et de cette dévo-
» tion que celle que Dieu m'avait donnée pour épouse et qui se
» nommait Judith, a choisi J. C. pour son héritier, du fonds
» que je lui avais apporté en dot, nous requérant avec affection
» et tendresse de favoriser, en cela, ses intentions ; et parce que
» j'ai toujours consenti à de semblables prières, et les liens du
» mariage n'ayant fait qu'un de nous deux suivant la parole de
» Dieu ; *Ils seront deux dans une même Chair;* après lui avoir
» gardé une foi inviolable, j'ai donné mon consentement aux
» mouvements de sa piété et de sa dévotion, afin que par le
» secours de Dieu, elle pût accomplir ce qu'elle avait résolu.

» Pour commencer donc l'ouvrage qu'elle s'était proposé, elle
» mit les fondements en l'honneur de la glorieuse et bienheu-
» reuse Vierge, Mère de Dieu, en un lieu que les anciens ont
» appelé Bernay, préparant, elle-même, l'édifice d'un monas-
» tère convenable à une Communauté de religieux qu'elle avait
» résolu d'établir en ce lieu. Mais, avant d'avoir terminé cet
» ouvrage, elle s'endormit dans la paix du Seigneur.

» Comme j'étais instruit de ses intentions, j'établis aussitôt
» pour toujours en ce lieu, une maison de serviteurs de Dieu
» dont je donnai la conduite au vénérable Guillaume abbé de
» Fécamp.

» Je donne, pour le soulagement de mon âme, de celle dont
» la volonté a été cause d'un si grand bienfait et de tous les
» enfants qui m'ont été accordés par le Seigneur, pour l'entre-
» tien des Serviteurs de Dieu qui le servent dans le lieu ci-dessus
» désigné : Bernay, Champeaux, Toussuc, Tilleul, Valailles,
» le village de St Aubin, Caorches, La Fagère, Les Loges, Cour-
» tonne, Courtonelle, l'église de St Mards de Fresnes, la Motte
» de St Mards de Fresnes et St Clair-d'Arcey.

» Je donne, aussi, Beaumont, Beaumontel, Fontaine-le-Vieux
» avec toutes ses dépendances, Courbépine, Landepreuse,
» Grand-Chain avec toutes ses dépendances, Fresnes, Capelle,
» Giverville, Cantepie, Malouis avec toutes leurs dépendances
» et les églises et les moulins, les prairies, les terres cultivées
» et incultes, les eaux ou les cours d'eaux avec les pêcheries,
» depuis la vallée de Farnèze jusqu'à la fontaine Ratgée.

» Je donne, encore, dans Bernay, le marché qui a lieu chaque
» semaine, les foires annuelles et toutes les coutumes tant dans
» ces lieux que de tous les autres mentionnés plus haut qui
» nous appartiennent ; et même les forêts en entier comme

» notre féal haymeri les a tenues, afin qu'ils aient, tiennent
» et possèdent toutes ces choses sans aucune inquiétude, de
» quelque puissance séculaire ou judiciaire que ce soit.
  » Je prie donc la grandeur de ceux que Dieu aura élevés après
» moi à la dignité que je possède par sa grâce, que, comme ils
» voudront que les écrits de leur autorité demeurent inviolables,
» ils consentent de même que cette Charte de ma cession,
» dressée du consentement de mes fils et héritiers, demeure
» stable et irrévocable à jamais, que si quelqu'un s'efforce de
» faire quelque chose contraire, qu'il encoure d'abord la colère
» de Dieu, tout-puissant, et qu'il soit contraint de payer 200 liv.
» d'or au fisc seigneurial, afin qu'il apprenne, à sa confusion,
» que la témérité des méchants ne doit pas violer les choses que
» l'autorité a établies pour l'amour de Dieu.

    Suivent les signatures de Richard, de ses fils, des archevêques et évêques de Normandie, des vicomtes, de ses serviteurs et de ses vassaux.

» Donné au mois d'août au palais de Fécamp l'an de l'incar-
» nation de Notre Seigneur 1027, du règne de Robert 38 (1). »

(1) Ces dates données à la fin de cette charte, présentent quelques difficultés dans lesquelles nous ne sommes pas entré.

PIÈCES SUR SAINTE-CROIX.

Pour justifier ce que nous avons dit de la première église de Sainte-Croix, nous y ajouterons un acte écrit en parchemin à la date de 1372, contenant l'accord entre les religieux et les paroisses de Sainte-Croix, pour la construction de leur église, et contre-signé par le garde du sceau des obligations de la vicomté d'Orbec et beaucoup d'autres témoins.

« Comme débat et descord eu longuement été entre les reli-
» gieuses personnes et honnêtes, l'abbé et couvent de N.-D. de
» Bernay, d'une part, et les habitants et paroissiens de la pa-
» roisse de Ste Croix de Bernay, d'autre ;
» Sur ce que les dits paroissiens disaient et maintenaient que
» les religieux debvaient et étaient tenus de refaire et édifier
» tous de nouvel l'église de la dite paroisse, laquelle dès
» l'an LVII ou environ fut abattu pour le fait de la forteresse
» du dit lieu de Bernay et de ce en allèguent certains titres,
» tant de lettres, que de si longue possession et saisyne qu'il
» n'en est mémoire du contraire ; par lesquelles lettres disaient
» avoir droit du temps ancien en la propre église d'iceux reli-
» gieux pour y être reçus, et administrez des sacrements de
» Ste Eglise, et ouïr le divin service, comme en l'église paroi-
» chial, au lieu que l'on dict l'hautel de St Benoît ; et que en la
» dite église, ils avaient leurs cloches pour sonner leurs heures,
» desquelles cloches, ils usaient encore du temps présent et
» combien que depuis en faveur des dits religieux leur eut été
» baillée la dite église Ste Croix toute édifiée, aux dépens
» d'iceux religieux ou de leurs prédécesseurs qui pour le temps
» étaient, laquelle chose les dits religieux debvaient tenir en
» état de couverture, comme de verrières et autres chefs et
» quérir toutes choses convenables et nécessaires pour le divin
» service, si comme leurs ornements, calices, chasubles, livres.

» pain et vin, chanter, sel et feure en hyver et herbe en esté [1] et
» autres choses qui y fallaient subvenir dûment, leur droit tout
» sauf de revenir en la propre église d'iceux religieux comme
» en leur église paroichiale, jusques à tant que iceux religieux
» eussent réedifier la dite église de Ste Croix et mise en état
» d'église paroichial pour les dits paroissiens et habitans.
» Les dits religieux disant au contraire que à la dite église
» refaire ils n'étaient tenus, supposé que ainsi fut, que une fois
» la dite église Ste Croix eut été baillée toute édifiée par leurs
» prédécesseurs aux dits habitans; que par leur fait, ne par
» leur deffaut n'avait été abattue, et n'étaient en rien tenus du
» fait..... Mais feissent les dits habitans refaire la dite église et
» ils l'entretiendroient volluntiers en état de couverture et y
» querroyent les choses nécessaires à faire le divin service ; et
» aussi le cierge Bénoist opposant chaque an comme autrefois
» ont fait parmy, et que les dits habitants et paroissiens payent
» en temps passé, et payeront à l'avenir par chacun feu, ung
» denier par an pour le fait de la dite couverture et ung denier
» chacun feu pour le cierge Bénoist; ne n'avaient les dits habi-
» tans aucun droit en leur église, que une fois en avait été
» ordonné par nommé saint Pierre, en leur baillant le dit lieu
» de l'église Ste Croix, en laquelle il voulut et établit que il eut
» vicaire pour administrer aux dits habitans le divin service et
» ce que les dits habitans disaient de leur sonnerie ou clochet et
» autres choses que les dits religieux ont acquerré par la dite
» église paroichial, ne sceussent riens que ce furent choses qui
» à cause de seigneurie furent retenuz et donnéz aux dits reli-
» gieux, et ont été iceux gouvernéz et maintenus soubs la sei-
» gneurie des dits religieux par si long qu'il suffit à prescription
» de tems avoir acquise par la franchise de leur église........
» Finalement après toutes ces choses données et maintenues
» d'une part et d'autre, les dites parties c'est à savoir les dits
» religieux avaient pitié et compassion de la désolation et des-
» truction de la dite église paroichial dont ils sont seigneurs et
» pâtrons et les dits paroissiens et habitans considérants les périls
» et notables deffautx qui peuvent advenir sur eulx et sur leurs

[1] Pour se rendre compte de ces derniers termes, il faut savoir qu'alors, même dans les églises de Paris, les plus riches bourgeois devaient porter leur siège à chaque office ou s'asseoir, comme le reste des fidèles, sur la paille en hiver et sur l'herbe en été.

» enfans pour ce qu'ils n'ont lieu ou habitation où le divin
» service, ne les sacrements de l'église se puissent être faits
» honorablement, se sont descendus à veoye de traité et accord
» par le moyen d'aulcuns de leurs amis en cette manière.

» C'est à savoir » : (Nous avons donné ces conditions dans l'article sur Ste-Croix.)

Lettres patentes du mois de mars 1374, relatives à la construction de l'église actuelle de Sainte-Croix.

« CHARLES, par la grâce de Dieu, roy de Navarre et comte
» d'Evreux, scavoir faisons à tous présents et avenir que comme
» nos amez les paroissiens de Ste Croix de Bernay nous ayent
» fait exposer qu'en une place et maison assise au dit lieu de
» Bernay, laquelle leur a été donnée à toujours perpétuellement en
» pure aumône par Bellot Taillefer, bourgeois d'icelui lieu, ils ont
» volonté et intention de réédifier la dite église de Ste Croix qui
» pieça fut du tout détruite par l'effet des guerres ; pour ce qu'elle
» était trop prochaine de notre fort ; et d'y faire habitation con-
» venable et honnête à célébrer le service divin, eue sur ce
» l'autorité et licence de nous, laquelle a été retenue et ré-
» servée par nos amez et féaux les religieux, abbé et couvent
» du dit lieu de Bernay et par les dits paroissiens, en faisant un
» accord passé entre eux sur le fait de la dite église, les dits
» suppliants que nous voulussions la dite licence et autorité
» octroïer et la dite maison et place, ainsi comme elle se com-
» porte en long et en lé tenant, d'un côté à la rivière du moulin
» fouleux et d'autre côté à la ruelle Taillefer, aboutissant par
» devant à la rue aux Juifs et par derrière à la rue de l'Aistre,
» faire habille pour tant comme il nous touche, à ce qu'ils y
» puissent surement édifier sans reprise et que les dites place
» et maison avec une autre place que l'on soullait dire la maison
» Barbey et tant comme il y en a du long du cimetière ancien
» à la largeur du lieu où la dite maison Barbey souflait seoir,
» aboutissant à la dite rue de l'Aistre, fussent dorénavant du
» tout délaissée à l'usage de la dite église et du cimetière

» d'icelle. Nous considérants le bon propos et la dévotion des
» dits suppliants qui longuement, ont été en grande désolation
» pour la destruction de la dite église qui advint sans leur
» coulpe, leur avons octroyé et octroyons de grâce spécial
» pour être adjoint et participant aux prières et oraisons et
» autres bonnes œuvres charitables qui seront faites en cette
» partie, les dites licence et autorité et les dites places et mai-
» sons à l'usage de la dite église, avec l'autre place, désignée
» pour l'usage du cimetière, avons amorti et amortissons de
» notre dite grâce et en pure aumône, etc..... Nous avons
» fait mettre le scel à ces présents donnés en l'an de grâce 1374
» au mois de mars. »

FIN DES PIÈCES JUSTIFICATIVES.

TABLE DES SOMMAIRES.

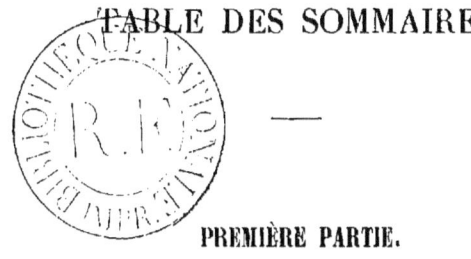

PREMIÈRE PARTIE.

Préface, *page* v.

Etymologie du mot Bernay, *p.* 8. — Manières d'écrire Bernay, *p.* 10. — Site et position géographique de cette ville, *p.* 11. — Son antiquité, *p.* 12. — Origine de sa division en baronnie et en comté, *p.* 20. — Châteaux forts de ses alentours au moyen âge, *p.* 21. — Raoul de Bernay, *p.* 22. — Dévoûment des seigneurs du pays de Bernay, en 1047, *p.* 22. — Enrôlements dans la première croisade, *p.* 23. — Troupes envoyées en garnison à Bernay, *p.* 23. — Waleran, fils du comte de Meulan, *p.* 24. — Richard Cœur-de-Lion, *p.* 25. — A quelle époque remonte le commerce de cette ville, en quoi il consistait, *p.* 25. — Haine des habitants pour les Juifs établis à Bernay, *p.* 25. — Honneurs et bienfaits que lui accorde le roi saint Louis, *p.* 26. — Peste noire, *p.* 27. — Siége de Bernay et ruine de l'église Sainte-Croix, *p.* 29. — Duguesclin assiége Bernay, capitulation et mort de Pierre Dutertre, *p.* 30 *et suiv.* — Menneval avec ses extensions sur Bernay, vendu sous condition de rachat, *p.* 32. — Prises et reprises de Bernay par les Anglais, *p.* 33. — Charles VII, *p.* 34. — Pillage de 1563, *p.* 35 *et suiv.* — Le comte de Montgommery, fait prisonnier dans le château de Domfront, passe par Bernay, *p.* 36 *et suiv.* — La Saint-Barthélemy, *p.* 38. — Grands détails sur les anciennes fortifications de la ville, *p.* 38 *et suiv.* — Les habitants entrent dans la Ligue, ils s'unissent aux Gauthiers, siége et pillage de 1589, *p.* 45 *et suiv.* — Révolte contre les protestants, *p.* 47. — La tranquillité est rendue, *p.* 48. — Pestes qui ravagent la ville, dévoûment, *p.* 48 *et suiv.* — Collége, *p.* 50. — Instruction donnée par les Dames-de-la-Comté, *p.* 51. — Hospice actuel, Anne d'Alzac,

Louis Alexandre d'Irlande, *p.* 52 *et suiv.* — Abbaye, *p.* 54. — Armoiries de la ville, *p.* 59 *et suiv.* — Camps ou retranchements aux alentours, *p.* 61. — Grands hommes qu'elle a produits, *p.* 61 *et suiv.*

SECONDE PARTIE.

CHAPITRE PREMIER.

Antiquité d'une première église de Notre-Dame de la Couture, d'après Mistral, Desplanches et l'auteur du manuscrit de 1765, *p.* 69. — Légende, *p.* 71. — Notre opinion, *p.* 78. — Chapelles des Dames-de-la-Comté, *p.* 85. — De l'hospice, *p.* 85. — Des Pénitents, *p.* 85. — De Sainte-Gertrude, *p.* 85. — De Saint-Michel, *p.* 86. — Eglise de Sainte-Croix, *p.* 86. — Chapelles des Cordeliers, *p.* 93. — De la Magdeleine, *p.* 93. — Eglise de l'abbaye, *p.* 94. — Chapelle de Saint-Germain, *p.* 94. — Explication du mot : Notre-Dame de la Couture, *p.* 98.

CHAPITRE DEUXIÈME.

L'église de la Couture a-t-elle toujours été aussi éloignée que maintenant des maisons de la ville ? *p.* 100. — Fausses limites attribuées à l'ancien bourg, *p.* 102. — Faubourg Deschamps, *p.* 108.

CHAPITRE TROISIÈME.

Epoque à laquelle on doit faire remonter la construction actuelle de Notre-Dame de la Couture, *p.* 112. — Une de ses parties est plus ancienne que l'autre, *p.* 114. — Chapelle de la Vierge, *p.* 117.

CHAPITRE QUATRIÈME.

Description de cette église, *p.* 119. — Coup-d'œil de son intérieur, son portail, *p.* 119. — Sa tour, *p.* 120. — Le tonnerre endommage le clocher, *ibid.* — Sa longueur et largeur, *p.* 121. Son chœur, *p.* 122. — Son ancien autel et son ancienne contretable, ses chapelles, *p.* 123. — Origine du nom de Saint-Paty, *p.* 125. — Verrières, *p.* 126. — Tableaux, *p.* 135. — Quelques-uns de ses bienfaiteurs, *p.* 137.

CHAPITRE CINQUIÈME.

Antiquité du pèlerinage de Notre-Dame de la Couture, *p.* 139. — Effets sensibles de la protection que la sainte Vierge a accordée dans cette église, *p.* 140. — Témoignages de reconnaissance dont on a décoré ce temple, *p.* 145. — Prière à Notre-Dame de la Couture, *p* 149.

PIÈCES JUSTIFICATIVES, *p.* 153 *et suiv*.

Note A, *p.* 153.
Charte de Richard II, *p.* 157.
Transaction des religieux et des paroissiens de Sainte-Croix, *p.* 160.
Lettres patentes accordées par Charles, roi de Navarre, qui autorisent enfin la construction de l'église de Sainte-Croix, *p.* 162.

FIN.

www.ingramcontent.com/pod-product-compliance
Lightning Source LLC
Chambersburg PA
CBHW070658100426
42735CB00039B/2312